소 포 클 리 스 디 미 트 라 코 풀 로 스

에기나의 **넥타리오스 성인**

20세기의 세계적인 성인

에기나의 **넥타리오스 성인**
20세기의 세계적인 성인

초판1쇄 인쇄   2010년 1월 17일
초판1쇄 발행   2010년 1월 17일

지 은 이   소포클리스 디미트라코풀로스
펴 낸 이   암브로시오스 대주교
펴 낸 곳   정교회출판사
출판등록   제313-2010-5호

주   소   서울특별시 마포구 아현동 424-1
전   화   02)364-7020
팩   스   02)365-2698
e-mail   editions@orthodox.or.kr

* 잘못된 책은 바꿔드립니다.

정가   12,000원
ISBN 978-89-92941-13-6   03230

ⓒ정교회출판사, 2010

* 이 책에 실린 내용은 무단복제와 무단전재를 할 수 없습니다.

The publication of this book was made possible by the generous sponsorship of the Holy Monastery of St. Nektarios, Aigina Greece.

소포클리스 디미트라코풀로스

에기나의
넥타리오스 성인
20세기의 세계적인 성인

암브로시오스 대주교 편
요한 박용범 역

정교회출판사

한국어판에 붙이는 머리말

먼저 넥타리오스 성인(1846-1920)의 전기를 발간할 수 있게 되어 한없는 기쁨과 축복을 느낍니다. 저의 이 각별한 기쁨은 성인을 알게 된 저의 개인적인 체험에 기인합니다. 이제 독자 여러분의 양해 속에서 부족하나마 저의 간략한 체험을 기술하고자 합니다.

저는 넥타리오스 성인께서 하느님의 축복 속에 12년의 마지막 여생(1908-1920)을 보내셨던 아름다운 에기나 섬에서 태어났습니다. 저는 자연스럽게 어릴 적부터 성인을 모신 무덤과 커다란 영적 보화인 성인의 기적의 성해가 모셔져 있는 수도원을 자주 방문하게 되었습니다. 아울러 저는 1996년 성해의 일부를 한국 정교회로 모셔올 수 있는 은총도 입었습니다. 저는 하느님의 각별한 은총을 통해 성인의 축복으로 수녀가 되신 테오도시아 자매와 넥타리아 자매, 그리고 싱글리티키 자매와 어렸을 적부터 성인을 알고 지냈던 크리사페니아 자매와 크세니 자매를 어릴 때

알게 되어, 영적 아버지인 넥타리오스 성인을 가까이 모시고 생활했던 수녀님들의 경험으로부터 많은 놀라운 이야기들을 들으며 성장했습니다. 또 저는 어린 학생시절부터, 당시 어린 나이에 혹은 청년기 때부터 성인을 알고 지냈던 에기나의 어르신들(그들 중에는 저의 소피아 할머니도 계셨음)로부터도 넥타리오스 성인에 대한 많은 이야기를 전해 들었습니다. 그 어르신들은 직접 성인께 고백성사를 드렸고 성찬예배를 집전하시고 하느님의 말씀을 전하는 성인을 실제로 보고 들었던 목격자들이었습니다. 이 밖에도 하느님께서는 넥타리오스 성인의 중보로 일어난 생생한 기적을 제 눈으로 직접 볼 수 있는 은총도 베풀어 주셨습니다. 이러한 모든 것은 제가 어릴 적부터 넥타리오스 성인을 사랑할 수 있는 직접적인 계기가 되었고 성인을 나의 삶의 보호자로 느끼게 해 준 원동력이 되었습니다.

하느님께서 제게 베푸신 이 특별한 축복에 대해 진심으로 하느님께 감사드립니다. 그리고 한국인들의 영적 성장과 "고요한 아침의 나라"에 정교회의 참된 진리가 퍼져 나갈 수 있도록 성 삼위 하느님께 중보해 주실 것을 넥타리오스 성인께 간절히 기도합니다.

이 책을 한국어로 출간 할 수 있도록 허락해주신 저자 소포클리스 디미트라코풀로스 님께 진심으로 감사드립니다. 저자는 넥타리오스 성인을 전문적으로 연구하신 학자로서 한국인들이 넥타리오스 성인을 잘 알 수 있도록 보답을 받지 않으시고 한국인을 위한 책으로 저술해 주셨습니다.

또한 그리스어에서 한국어로 번역해준 역자 요한 박용범 님께도 진심으로 감사를 드리는 바입니다.
　오늘날 성인의 한분인 넥타리오스 성인의 생애처럼 성성(聖性)의 불이 한국인들의 가슴속에 뜨겁게 타올라 한국에서 성인이 탄생하시기를 진심으로 기원하면서 이 책을 한국의 독자 여러분께 바칩니다.

정교회 한국대교구 암브로시오스 대주교

서론

일부 사람들은 순교자들과 성인들이 기독교 초기시대, 특히 박해시대에만 배출되었다고 생각한다. 물론 그들의 생각대로 교회의 적들이 그리스도교의 믿음을 박해하거나 이교의 가르침을 들여와 올바른 주님의 가르침을 왜곡하려 했을 때 분명 많은 순교자들과 믿음의 증거자들이 진리를 수호하기 위해, 또 그리스도에 대한 사랑을 지키기 위해 피를 흘렸고 시련을 겪었다. 하지만 교회사에 나와 있듯이, 성인들은 평화로운 시대에서도 여전히 존재했다. 그들은 영적 투쟁과 수행, 기도와 예배생활을 통해 하느님을 기쁘게 하였으며 하느님께서 약속해 주신 "정의의 월계관"을 썼다(디모테후서 4:8).

교회의 삶에서 성인이 배출되지 않은 적이 없었으며 앞으로도 결코 없을 것이다. 각 시대는 그 시대의 사도들과 고백자들, 순교자들과 성직자들, 수도사들과 기혼자들 그리고 남녀노소의 성인들을 배출했다. 서고는 성인의 경이롭고 귀감이 되는 삶을 기록한 수많은 "시낙사리온(성인의 일생을 짧게 요약해 놓은 글)"으로 가득 채워졌으며 초대 교회시대 때부터 순교의 날을 기념하기 위해 혹은 성인이 잠든 날을 기념하기 위해 신자들이 모여 예배드릴 때 신자들의 영적 유익을 위해 봉독되었다.

따라서 그리스도의 교회가 오늘날 새로운 성인들을 배출하는 것은 지극히 당연하다. 성인들의 "구름"(히브리서 12:1)은 하느님의 은총의 새로운 피로 끝없이 새로워진다. 왜냐하면 하느님의 소명과 우리의 사명은 바로 성성(聖性)이기 때문이다. "하느님께서 여러분에게 원하시는 것은 여러분이 거룩한 사람이 되는 것입니다"(테살로니카전 4:3). "또 여러분을 불러 주신 분이 거룩하신 것처럼 여러분도 모든 행위에 거룩한 사람이 되십시오. 성서에도 '내가 거룩하니 너희들도 거룩하게 되어라' 라고 기록되어 있지 않습니까?"(베드로전 1:15-16)

열정과 자기부정, 겸손과 인내로 생애 내내 "믿음의 싸움을 잘 싸운"(디모테전 6:12) 사람들은 서서히 성인들의 특성들을 성취했으며 순교나 하느님의 부르심을 받은 후 경건한 백성들로부터 각별한 사랑과 공경을 받았다.

세계 공의회나 지역 공의회는 이러한 인물들의 성성에 대한 백성의 믿음을 확인시켜주면서 교회의 규범에 따라 그들을 교회의 성인명부에 등록했다. 정교회가 가지고 있는 이러한 초대교회의 전통은 오늘날까지도 그대로 이어온다. 이렇게 20세기에도 제법 많은 새로운 정교 성인들이 교회의 성인명부에 올랐다.

20세기 성인들 중에 정교인들로부터 각별한 사랑을 받고 있는 성인 중 한명은 펜다폴리의 주교, 에기나의 넥타리오스 성인 (1920년 잠듦)이다. 넥타리오스 성인은 교회의 천체에 새로 떠오른 밝은 별로서 그의 온 생애는 완덕과 하느님과의 일치를 위해 역동적인 삶으로 점철되었다. 그의 삶은 하느님의 뜻에 부합되게 살고자하는 끝없는 투쟁의 연속이었으며 언제나 그의 행로는 가시밭길이었다. 하지만 하느님의 도우심과 본인의 지칠 줄 모르는 열정으로 그는 투쟁에서 언제나 승리자로 드러났다. 결국 성인이 잠든 지 얼마 지나지 않아 그의 성성에 대한 소식은 온 세상에 두루 퍼져나갔다. 그러면 성인의 발자취를 한번 따라가 보자.

■ 차례

_한국어판에 붙이는 머리말   4
_서론   7

1. 출생과 성장   15
2. 콘스탄티노플에서 일을 하다   19
3. 히오스 섬에서 교사로 재직하다   29
4. 히오스 섬의 네아 수도원에서 수도사가 되다   31
5. 고등학교에 진학   33
6. 알렉산드리아로의 여행   35
7. 아테네대학교에서   36
8. 이집트에서 사제로 서품되다   38
9. 펜다폴리의 교구장   40
10. 이집트에서의 핍박과 추방   42
11. 일반 설교사제로 임명되다   46
12. 리자리오 신학교에서의 봉직   51

13. 학교 업무 외의 활동　65
14. 영적 재충전　69
15. 아기온 오로스(아토스 성산)로 순례를 떠나다　71
16. 에기나에 수도원 설립　92
17. 에기나에 정착하다　105
18. 새로운 시련　121
19. 저술 활동　130
20. 성인의 주요 가르침　133
21. 천상의 고향으로의 이주　160
22. 성인의 유해가 썩지 않다　172
23. 성성의 확인　180
24. 성인명부에 공식적으로 등록되다　210

에기나의 넥타리오스 성인

1. 출생과 성장

넥타리오스 성인은 1846년 10월 1일 동 트라키의 실리브리아에서 출생했다. 오늘날 터키 땅인 실리브리아는 과거에는 오랜 역사와 훌륭한 그리스도교 전승을 지닌 그리스의 한 도시였다. 그곳의 시민들은 선한 사람들로 널리 알려져 있었다. 성인은 1847년 1월 15일 아나스타시오스 성

성인의 어머니

인의 이름으로 세례를 받았다. 성인의 부모는 디모스 케팔라스와 바실리키 트리안다필리디였는데 무척 가난한 서민이었다. 하지만 그들은 그리스도인의 품성을 가지고 있었고 덕과 은총으로 단장한 경건한 사람들이었다. 그래서 일곱 자녀들을 "주님의 정신으로 교육하고 훈계하며"(에페소 6:4) 성장시켰다. 넥타리오스

성인은 일곱 자녀중의 다섯 번째였다. 경건한 어머니와 할머니는 성인에게 교회의 성가들과 기도들을 가르쳐 주었고 성가와 기도를 외워서 부르고 낭송할 수 있도록 독려했다. 특히 다윗의 회개를 담은 그 유명한 시편 "하느님 선한이여, 나를 불쌍히 여기소서…" 51편을 잘 배울 수 있도록 가르쳤다.[1] 선한 영혼이라면 누구나 쉽게 감동하게 되는 이 아름다운 시편은 이 아이에게 각별한 인상을 심어주었다. 후에 성인이 수녀들과 제자들에게 손수 말했던 것처럼, 성인은 자주 이 시편을 낭송하였으며 특별히 "죄인들에게 당신의 길을 가르치리니 빗나갔던 자들이 당신께로 되돌아 오리이다"라는 구절에 이르러서는 여러 번 이 구절을 반복함으로써 사도적 소명이 성인에게 있음을 보여주었다. 성인은 어렸을 때부터 하느님의 소명을 느꼈을 뿐만 아니라 정작 본인도 성직에 대한 끌림이 있음을 알았다. 성인은 교회를 무척 사랑했

---

[1] "하느님 선한 이여, 나를 불쌍히 여기소서. 어지신 분이여, 내 죄를 없애 주소서. 허물을 말끔히 씻어 주시고 잘못을 깨끗이 없애 주소서. 내 죄 내가 알고 있사오며 내 잘못 항상 눈앞에 아른거립니다. 당신께 오로지 당신께만 죄를 얻은 몸, 당신 눈에 거슬리는 일을 한 이 몸, 벌을 내리신들 할 말이 있으리이까? 당신께서 내리신 선고 천번 만번 옳사옵니다. 이 몸은 죄 중에 태어났고, 모태에 있을 때부터 이미 죄인이었습니다. 그러나 당신은 마음 속의 진실을 기뻐하시니 지혜의 심오함을 나에게 가르쳐 주소서. 정화수를 나에게 뿌리소서, 이 몸이 깨끗해지리이다. 나를 씻어 주소서. 눈보다 더 희게 되리이다. 기쁨과 즐거움의 소리를 들려주소서. 꺾여진 내 뼈들이 춤을 추리이다. 당신의 눈을 나의 죄에서 돌리시고 내 모든 허물을 없애 주소서. 하느님, 깨끗한 마음을 새로 지어 주시고 꿋꿋한 뜻을 새로 세워 주소서. 당신 앞에서 나를 쫓아 내지 마시고 당신의 거룩한 뜻을 거두지 마소서. 그 구원의 기쁨을 나에게 도로 주시고 변치 않는 마음 내 안에 굳혀 주소서. 죄인들에게 당신의 길을 가르치리니 빗나갔던 자들이 당신께로 되돌아 오리이다. 하느님, 내 구원의 하느님, 죽음의 형벌에서 이 몸을 건져 주소서. 이 혀로 당신의 정의를 높이 찬양하리이다. 나의 주여, 내 입술을 열어 주소서. 이 입으로 주를 찬양하리이다. 당신은 제물을 즐기지 아니하시며, 번제를 드려도 받지 아니하십니다. 하느님, 내 제물은 찢어진 마음뿐, 찢어지고 터진 마음을 당신께서 얕보지 아니하시니, 어지신 마음으로 시온을 돌보시어 예루살렘 성벽을 다시 쌓게 하소서. 그 때에는 번제와 제물을 올바른 제사로 기뻐 받으시리니, 송아지를 잡아 당신 제단에 바치리이다."

성인의 생가

으며 성직자들을 돕고 성당 안에서 많은 시간을 보내며 모든 예배에 참례하는 것에 행복을 느꼈다. 성인은 설교 말씀에 각별한 주의를 기울여 집에 돌아와서는 가족들이 놀랄 정도로 설교말씀의 상당 부분을 반복했다. 또 성인은 종이로 "제의"를 만들어 친구들과 함께 여러 "예식"을 흉내 내었다. 일곱 살이던 아들이 하얀 종이를 사서 뭔가 열심히 바느질하는 것을 보고 어머니는 무엇을 만들고 있느거냐고 물었다. 그랬더니 아나스타시오스는 "하느님의 말씀을 기록할 수 있는 책을 만들려고요!" 하고 대답했다.

언젠가 아나스타시오스는 아버지와 한 형제와 함께 고기를 잡으러 배에 오른 적이 있었다. 그런데 큰 풍랑을 만나 배의 돛이 찢어지는 등 침몰할 위험에 처하게 되었다. 그 때 어린 아나스타시오스가 십자 성호를 세 번 하고 나서 자기 허리끈을 풀어 찢어진 돛을 동여매었다. 이렇게 해서 그들은 모두 위험에서 벗어나게 되었다. 집으로 돌아오자 아버지는 부인에게 이렇게 말했다. "부인, 우리 아나스타시오스가 성인이 될 것 같아요!"

넥타리오스 성인은 실리브리아에서 처음 공부를 시작했다. 그곳에서 성인은 좋은 성적으로 초등학교와 중학교를 마쳤다. 성인은 더 많은 공부를 하고 싶었다. 하지만 일곱 자녀가 있는 성인의 부모는 성인이 공부할 비용을 감당할 수 없었다. 게다가 실리브리아에는 고등학교가 없었다. 하지만 성인은 어려운 상황속에서도 상급학교에 대한 꿈을 포기하지 않았다. 왜냐하면 사람들에게 도움을 주는 것이 자기의 꿈이었기 때문이었다. 모든 것을 보시는 하느님께서는 그를 그냥 방치하지 않으셨다. 마침내 학업에 대한 그의 꿈을 실현시킬 수 있도록 길을 열어주셨다. 그러면 그 꿈이 어떻게 실현되는지 살펴보도록 하자.

2. 콘스탄티노플에서 일을 하다

　1860년 성인은 자신의 꿈을 이루기 위해 콘스탄티노플(오늘날의 이스탄불)로 가기로 결심한다. 당시에는 실리브리아를 지나는 자동차나 기차가 없었기 때문에 성인이 배를 탔다고 전해진다. 그런데 성인에게는 배표를 살만한 돈이 없었다. 성인의 간곡한 애원에도 불구하고 성인은 배에게 강제로 내쫓겼다. 자신의 꿈을 실은 배를 타지 못하고 닻을 올리고 떠나갈 준비를 하는 배를 지켜보는 14살 소년의 가슴은 찢어질 수밖에 없었다. 이렇게 성인은 선착장 한 귀퉁이에서 슬픔에 잠긴 채 배를 출발시키기 위해 바삐 오가는 선원들을 지켜보고 있었다. 그리고 하느님께 기도했다. "하느님, 제가 글도 제대로 깨우치지 못한 채 고향에서 그냥 이렇게 살아야 하나요? 성서를 제대로 공부하지 못한 채 이렇게 여기서 살아야 하나요? 정말 제 꿈이 산산조각 사라져 버리게 되는 건가요?" 한편 한창 출항 준비를 하던 배는 이상하게도 출발을 하지 못하고 있었다. 뭔가 문제가 생긴 것이다. 선원들이 아무리 노력해도 배는 꿈쩍도 하지 않았다. 선장은 얼굴빛이 변했다.

콘스탄티노플로 가는 배를 탄 성인

그리고 험상궂은 얼굴로 욕을 하며 배의 키를 세게 내리쳤다. 한 순간 선장이 눈으로 뒤쪽을 쳐다봤다. 그리곤 소년의 눈과 마주쳤다. 넥타리오스 성인은 눈물이 그렁그렁한 채 간절한 소원을 담아 작은 입술을 움직이며 속삭였다. "제발, 제발 저를 데려가 주세요." 아, 그런데 이게 웬일인가! 선장이 배에 올라타라는 표시를 하는 것이 아닌가! 소년은 뛰는 가슴으로 고향과 작별 인사를 나누며 한 걸음에 배위에 올라탔다. 그런데 성인의 발이 배위에 오르자마자, 갑자기 이상하게도 힘을 쏟은 것처럼 배의 시동이 걸렸다. 실제로 소년은 보이지 않는 힘을 지니고 있었다. 영원히 기억될 할머니께서 선물한 거룩한 나무 십자가가 바로 그 힘을 발휘한 것이다. 소년은 언제나 그 십자가를 목에 걸고 있었다.

여행 중에 배는 심한 풍랑을 만나 침몰할 위험에 처했다. 소년은 끔찍한 결말을 시시각각 지켜보며 두려움에 떨었다. 그 순간 할머니의 말씀이 떠올랐다. "애야, 네가 바다에 나가 위험에 빠지게 되면 이 십자가를 끈으로 묶어 물위에 던지거라. 그러면 바다가 잠잠해질 거야." 소년은 즉시 할머니 말씀대로 십자가를 끈에 묶어 파도치는 바다에 던졌다. "오, 지극히 선하신 하느님, 당신은 영원히 선하신 분이십니다!" 십자가를 던진 지 2분이나 2분 30초쯤 지나자 모든 상황이 순식간에 바뀌었다. 바람은 잦아들고 바다는 잠잠해졌다. 소년은 십자가를 묶었던 끈을 다시 끌어당겼다. 그 순간 소년의 얼굴이 창백해졌다. 끈에 묶여 있던 할머니의 십자가가 사라진 것이다. 파도가 십자가를 집어 삼킨 것이다. 소년은 울기 시작했고 서럽게 울고 또 울었다. 선원들이 "무슨 일 있니?" 하고 물었다. "저 이제 어떻게 해요?" 소년이 대답했다. 그리고 "우리 모두를 살리기 위해 제가 가장 소중히 여겼던 거룩한 십자가를 잃어버렸어요."라고 절망스럽게 말했다. 어느덧 배는 콘스탄티노플에 도착했다. 선원들이 닻을 내리고 사람들이 전부 배에서 내렸다. 그 때 선원들이 "애야, 이리 와서 네 십자가를 가져가렴."하면서 소년을 불렀다. 소년은 "어떻게 찾았어요?"하면서 깊은 안도의 한숨을 내쉬었다. "우리가 항구에 들어오기 두 시간 전쯤에 조타실 한 중간 밑, 물속에서 탁탁하는 소리가 들렸단다. 처음에는 무슨 소리인지 몰랐는데 나중에 선장이 지시해서 내려가 살펴봤더니 네 십자가가 탁탁하고 치는 것 아니겠니. 자, 이 십자가를 가져가렴. 우리는 사실 겁이 나서 네게 이것을 돌려주지 않을 수가 없구나…" 하느님, 당신은 위대하십니

콘스탄티노플에서의 성인

다. 당신은 당신을 사랑하는 소년을 결코 잊지 않으셨군요…

아나스타시오스는 콘스탄티노플에 머물면서 한동안 노동을 했다. 그는 아침부터 저녁까지 불결한 환경의 담배창고에서 아주 힘든 노동을 했다. 그의 월급으로는 겨우 작은 다락방과 세 끼 식사가 전부였다.

아주 추운 겨울이 찾아왔다. 아나스타시오스는 겨울옷이 없어 추위에 떨며 고생하고 있었다. 그는 어느 날 밤 용기를 내어 사장을 찾아갔다.

"무슨 일이지?" 험상궂은 얼굴로 사장이 소년에게 물었다.

"사장님… 죄송하지만 제 옷이 다 낡아 떨어졌습니다… 보세요."

"고향에 편지를 써서 옷을 보내라고 하면 되잖아."

"하지만 부모님께서는 아주 가난하셔서요. 아버지께서는…"

"바쁘니까 그만 꺼져. 그리고 앞으론 조심해. 널 내쫓아 버릴 수도 있으니까."

소년은 구석으로 물러나 자리에 누웠다. 그리고 밤새도록 눈물을 흘리며 베개를 흠뻑 적셨다. 그러다 어느 순간 소년은 잠이 들었다. 그리고 꿈속에 발루클리 끝 어딘가에 그가 진실로 사랑하는 만물의 주관자이신 그리스도께서 서 계시는 것을 보았다. 그리고 왜 그렇게 울고 있느냐는 음성이 들렸다. 소년은 고개를 내밀며 대답했다. 그런데 말이 끊겨서 제대로 전달할 수가 없었다. 그는 목을 내밀고 또 내밀며 계속 시도했지만 허사였다. 끔찍하게도 혀가 꼬인 것이다.

동틀 때가 다가오자 소년은 자리에서 일어나 연필을 들고 종이에 이렇게 적었다.[2]

"나의 주님, 왜 저더러 우느냐고 물으셨죠? 제 옷과 신발이 다해졌어요. 그래서 발가락이 밖으로 튀어나와 고생해요. 더구나 지금은 겨울이라서 많이 추워요. 어제 밤에 주인을 찾아갔지만 주인은 저를 내쫓아버렸어요. 그러면서 고향에 편지를 써서 옷을 보내달라고 부탁하래요. 그런데 주님, 열심히 일을 했는데도 제 수중엔 돈이 없어요. 그래서 지금껏 어머니께 단 한 푼도 보내드

---

[2] 어린 시절의 편지 원본은 현재 전해져 오지 않는다. 하지만 성인의 가족에 따르면 위의 내용과 다르지 않다.

리지 못했는데… 이제 저는 어떻게 하면 좋을까요? 옷 없이 어떻게 지낼 수 있을까요? 해진 옷을 기우고 또 기워도 자꾸 찢어진답니다. 주님, 당신을 괴롭혀서 정말 죄송합니다. 당신의 종인 아나스타시오스가 당신을 경배하며."

소년은 이 편지를 봉투에 넣어 봉인한 후 봉투위에 연필로 이렇게 적었다. "천상에 계시는 우리 주 예수 그리스도님께"

동이 트기도 전에, 소년은 우체국에 가려고 급히 옷을 입고 밖으로 나갔다. 길은 아주 한산했다. 단지 액자가게를 운영하는 이웃 테미스토클리스 아저씨만 만날 수 있었다.

"아나스타시오스, 이렇게 일찍 어디를 가니?"

"우체국에요…"

"이렇게 일찍?"

"어젯밤에 부쳤어야 했는데, 잊었어요."

"얘야 잠깐만. 내가 부쳐줄 테니까 나한테 주렴. 내가 그곳에 갈일이 있단다. 많이 추우니까 너는 그만 돌아가려무나. 감기 걸리면 돌봐줄 사람도 없을 텐데…"

"감사합니다. 아저씨."

그런데 소년은 어떻게 그런 편지를 쓸 수 있었을까? 어린나이였음에도 그런 성숙함이 어디서 나왔을까? 하기야 그 때 소년이 할 수 있는 일이 그것 말고 무엇이 있었겠는가?

소년시절의 이 행위와 그 결과는 성인을 기억하는 사람들에게 두고두고 회자되게 된다.

이웃 상점의 주인인 테미스토클리스! 그를 천사라 불러야 하나, 아니면 사랑으로 불러야 하나? 분명한 것은 지극히 거룩하신 하느님께서 그를 보내신 것만은 확실하다. 테미스토클리스씨는 소년의 편지를 유심히 살펴보고 분명 뭔가 이상한 점을 발견했다. 그는 편지를 보고 무언가를 느꼈다. 그래서 수취인 "우리 주 예수 그리스도님", 주소 "천상에 계시는"이라고 적힌 봉투를 뜯어 가슴 울리는 소년의 편지를 읽었다!

일주일 후 테미스토클리스씨는 옷과 신발, 속옷과 돈을 소포에 담아 우체국을 통해 소년에게 보냈다. 소포 위에는 예쁜 글씨체로 이렇게 쓰여진 카드를 붙였다.

"그리스도가 아나스타시오스에게"

소년은 기뻐서 어쩔 줄을 몰랐다. 무릎을 꿇고 가슴속에서 우러나오는 감사를 드렸다. "나의 주님, 나의 사랑하는 주님, 당신께서 저를 불쌍히 여기실 줄 알았습니다." 그는 날아갈 듯한 기쁨에 거의 정신을 잃을 지경이었다. 그런데 이 기쁨은 동시에 또 다른 엄청난 불행을 가져왔다. 그것은 아주 슬프고 위험한 불행이었다. 하지만 이 불행 역시 소년의 길을 더욱 밝혀주는 하나의 은혜로 바뀌게 된다.

사장은 새 옷과 새 신을 신고 있는 아나스타시오스를 보고 이상하게 생각했다. 그리곤 나쁜 생각을 했다. 그가 가게에서 돈을 훔쳤을 거라고 생각한 것이다. 사장은 그의 목덜미를 잡고 무자비하게 때리기 시작했다. 때리고 또 때리고 발로 찼다. 소년은 피를 흘리며 거의 죽을 지경에 이르렀다. 소년은 매를 맞으면서 사

콘스탄티노플 총대주교청 근처에 있는 예루살렘 총대주교청 분원

장에게 자초지정을 설명했지만 사장은 그 말을 전혀 들으려 하지 않았다.

"사장님, 저는 도둑이 아니에요… 저는 돈을 훔치지 않았습니다."

"그러면 이 모든 것이 어디서 났느냐?"

"그리스도께서 제게 보내주셨어요… 정말이에요."

하지만 사장은 귀를 닫고 계속해서 소년을 때렸다. 다행히 이웃에 있던 테미스토클리스씨가 울음소리를 듣고 달려와 사장의 잔인한 손에서 소년을 구해 주었다. 그리고 그에게 일어난 일을 전부 설명해 주었다. 잘못하면 소년이 죽거나 돈밖에 모르는 못된 사장이 소년을 감옥에 쳐 넣을지도 몰랐기 때문이었다.

이 사건 이후에 성인은 생계를 위해 일했던 담배창고 일을 그만두었다. 그 후에 성인은 콘스탄티노플 총대주교청 근처에 있는 예루살렘 총대주교청의 분원에 보육교사로 취직이 되었다. 성인은 자연스럽게 교회의 예배에 참례할 시간과 기도할 시간을 많이 갖게 되었고 학식을 쌓기 위해 공부할 시간도 얻게 되었다.

한편, 성인은 담배창고 일을 그만두기 전, 터키인들이 이슬람 사원으로 개조하여 카리에 사원으로 부르던 고대 비잔틴 양식의 팜마카리스토 성당 앞을 지나간 적이 있었다. 그 때 성인은 잠시 성당 앞에 멈춰 서서 자신도 모르게 눈물을 흘렸다. 순간 허리춤에 메고 다니던 짐 속에 있는 두툼한 노트가 떠올랐다. 성인은 시간이 날 때마다 성서와 교부들의 금언들을 노트에 적어두곤 하였던 것이다. 갑자기 다음과 같은 좋은 생각이 떠올랐다. "그래 그 노트에서 아주 훌륭한 글귀를 뽑아 담배 포장지에 옮겨 적는 거야. 그렇게 해서 우리의 거룩한 믿음의 보화를 사람들에게 전하는 거야." 이렇게 소년은 작은 힘이지만 그리스도의 사랑을 위해 뭔가 하고자 했다. 할머니의 영혼은 손자를 내려다보고 감격하는 모습으로 그래 아주 잘했다 하시는 것 같았다….

성인은 선교 계획을 실천에 옮겼다. 열정과 기쁨 속에서 여러 가지 금언들을 담배 포장지에 적기 시작했다. 성인은 모두가 퇴근한 후에 남몰래 이 일을 했다. 50장에서 100장 정도의 포장지를 뽑아 그 위에 성서 구절을 적어 내려갔다.

"어미의 원망은 그 집안을 뒤엎는다." "자네는 말하기를, '나의 믿음은

콘스탄티노플에서 일하는 성인

순수하여, 주님 보시기에도 흠이 없다'고 한다마는" "주님 앞에서 스스로 낮추십시오. 그러면 주님께서 여러분을 높여 주실 것입니다." "아브라함이 다시 말했다. 티끌이나 재만도 못한 주제에 감히 아룁니다." "함께 잘 살기를 꾀하면 즐거움이 돌아온다." "첫째가 되고자 하는 사람은 꼴찌가 되어 모든 사람을 섬기는 사람이 되어야 한다." 등등…

이렇게 콘스탄티노플에서 일하던 시절부터 성인이 만든 자료들은 10여년이 지난 1985년 마침내 "거룩하고 지혜로운 금언집 ('Ιερῶν καί Φιλοσοφικῶν λογίων θησαύρισμα)"이라는 책으로 출판되게 된다. 성인은 자신이 읽은 책에서 마음에 드는 구절들이 있으면 그것을 (대개는 담배 포장지 위에) 옮겨 적었다. 하지만 어떤 구절은 편지 봉투 위에 적어 편지를 받는 사람이 볼 수 있게 하였다. 성인은 책의 머리말에서 이렇게 적었다. "돈이 없기 때문에 복음을 전하는 일이 쉽지 않았다. 하지만 나는 콘스탄티노플에서 판매되는 담배 포장지가 여느 일반 종이처럼 사용될 수 있을 것이라 생각했다."

3. 히오스 섬에서 교사로 재직하다

20세가 되던 1866년, 아나스타시오스는 학업을 계속하기 위해 아테네로 갔다. 하지만 "정치적인 혼란 때문에" 어쩔 수 없이 콘스탄티노플로 다시 돌아왔다.

얼마 지나지 않아 그는 콘스탄티노플에 있는 예루살렘 총대주교청의 주님의 거룩한 무덤 교회의 분원 책임자로 있던 삼촌 알렉산드로스 트리안다필리디스의 소개편지를 받고 히오스 섬으로 떠났다. 당시 섬의 교구장이었던 그레고리오스 주교는 그를 피르기오스 지역에 속한 리티라는 마을의 "문법 선생"으로 임명했다.

아나스타시오스는 보육교사와 교육자로서 1873년까지 리티에서 종사했다. 그는 품행이 단정했을 뿐만 아니라 근면했고 학생들과 마을 주민들을 아끼고 사랑했다. 아나스타시오스는 주민들을 "선한 어부"로 부르며 힘이 미치는 한 그들을 힘껏 도와주었다. 그 결과 그곳의 주민들도 그를 무척 좋아해서 많이 따랐다. 성인이 떠나간 후 리티에는 오랜 기간 그에 대한 자취와 향수가 그대로 남아있었다. 아나스타시오스가 교회에 의해 성인으로 선포된 후 그 지역에는 성인을 기념하는 교회들이 많이 세워졌다. 아울러 성인이 머물렀던 집도 그대로 보존되었다.

히오스에서 학생들을 가르치는 성인

아나스타시오스는 문법 교사로 재직하며 교회의 교부들과 고대 그리스 저자들의 작품을 계속해서 공부했다. 그리고 손수 설교를 준비하여 여러 성당들에서 설교를 하였다.

4. 히오스 섬의 네아 수도원에서 수도사가 되다

아나스타시오스 케팔라스는 하느님의 소명을 느끼며 성스럽고 천사 같은 수도사의 삶을 갈망했다. 어른이 된 아나스타시오스는 30세에 히오스 섬에 있는 저명한 네아 수도원[3]에서 수도사가 되기로 결심한다.

1873년 네아 수도원에 온 아나스타시오스는 하느님에 대한 뜨거운 사랑으로 3년간의 수련생활을 마치고 마침내 라자로라는 수도명으로 1876년 11월 7일 수도서원을 했다.

라자로 수도사는 네아 수도원의 형제들로부터 많은 사랑과 존경을 받았다. 왜냐하면 언제나 수덕의 모범이 되었고 "천상에 있는 것"(골로사이 3:2)만을 생각하고 추구했기 때문이었다. 히오스 교구의 수석 사제이자 형제 수도사였던 키릴로스는, 라자로 케팔라스 수도사가 수도원에서 "원장 비서"로 있었으며 "열정을

---

3) 콘스탄디노스 모노마호스 황제(1042-1055)의 기부와 보호로 11세기에 설립된 비잔틴 수도원으로 거룩한 테오토코스(성모님)께 봉헌되었다. 웅장한 돔과 팔각 형태의 대성당의 모자이크 장식이 유명하다. 모자이크들은 비잔틴 예술의 수준 높은 한 단면을 보여준다.

보제 서품

다해" 맡은 바 임무를 수행했다고 전했다.

라자로 수도사가 수도서원을 한 지 두 달 정도 지나 히오스의 교구장 그레고리오스 주교는 라자로 수도사를 보제로 서품하고 넥타리오스라는 이름을 부여했다. 서품식은 미나스 성인과 빅토라스 성인 그리고 비켄디오 히오스 성인에게 봉헌된 히오스의 교구 대성당에서 1877년 1월 15일에 거행되었다.

5. 고등학교에 진학

오랜 교육 전통이 있는 히오스 섬에서 넥타리오스 수도보제는 당시 아주 중요한 교육기관의 하나인 고등학교에서 그토록 갈망했던 교육을 받게 된다. 교육학자 K. I. 프로이오스가 알렉산드리아의 소프로니오스 총대주교에게 보낸 편지에는 성인이 히오

공부 중인 성인

스의 유명한 고등학교에 등록했으며 아주 좋은 성적을 거두었다고 적혀있다. 성인의 피나는 노력을 보고 학교 교장은 넥타리오스 수도보제에게 각별한 관심과 애정을 가졌다. 그리고 졸업 후에도 학업을 계속할 수 있도록 나름의 계획을 준비했다. 하지만 불행하게도 넥타리오스 수도보제가 마지막 학년의 반을 남겼을 무렵 엄청난 지진이 히오스 섬을 강타했다(1881년 3월 22일). 그 결과 학교는 문을 닫게 되었고 성인은 어쩔 수 없이 아테네로 내려와 검정고시생처럼 바르바키오 고등학교에서 졸업시험을 보게 되었다. 마침내 성인은 1881년 11월 4일 바르바키오 고등학교에서 졸업장을 취득했다.

6. 알렉산드리아로의 여행

넥타리오스 케팔라스 수도보제는 졸업을 얼마 앞두고 1881년 7월 초, 히오스 섬의 교구장으로 있었던 알렉산드리아의 총대주교 소프로니오스를 만나기 위해 알렉산드리아를 여행했다. 넥타리오스 성인의 손에는 시온 그레고리오스 포티노스 주교와 콘스탄티노스 프로이오스 교수의 소개편지가 들려있었다.

알렉산드리아의 소프로니오스 총대주교

우리는 성인의 편지를 통해 총대주교가 그를 무척 "반갑게" 맞았으며 깊은 인상을 받았음을 볼 수 있다. 총대주교는 능력 있고 학식 있는 성직자가 총대주교직을 보좌하길 원했다. 그래서 그는 성인이 아테네대학교에서 신학을 공부할 수 있도록 깊은 관심을 가지고 경제적으로 지원했다.

7. 아테네대학교에서

성인이 고등학교 졸업장을 받은 1881년 11월 4일, 성인은 아테네대학교에 등록을 마쳤다. 성인은 아테네에서 니콜라우 다말라 교수의 지도를 받으며 학업에 열중하였고 시험을 통해 파파다키 장학금을 받게 되었다. 학교생활 기록부는 성인이 훌륭한 학생이라고 "한 목소리로" 기록하고 있으며 1883년 5월 19일자 총장 명의의 문서에도 성인이 아주 우수한 성적을 거뒀다는 사실이 그대로 드러나 있다.

1885년 10월 28일 월요일 오후 4시, 파블리디 총장, 다말라 교수, 키리아코스 교수 그리고 로시 교수 앞에서 구두시험이 실시되었다. 2시간 반에 걸친 구두시험이 끝난 후 성인은 신

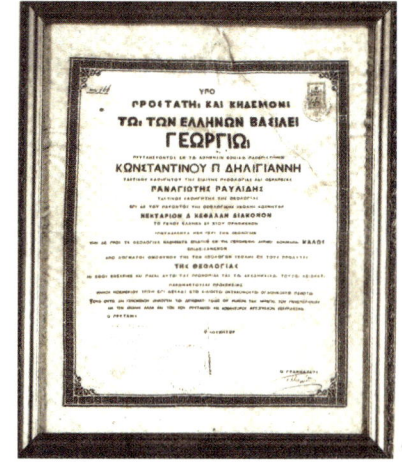
아테네대학교 졸업장

학교 졸업 자격을 얻었다.

　어릴 때부터 학구열이 뜨거웠던 성인은 아테네에서 수학할 때 불어공부도 병행했다. 성인은 어려움 없이 불어를 사용할 수 있는 실력을 갖추기에 이른다. 불어로 직접 쓴 편지들과 에기나의 성인의 서고에 풍부하게 보존되어 있는 많은 불어서적들은 그 사실을 뒷받침해 준다. 동시에 성인은 성 이리니 성당(에올루 36번지)과 판다나사사(모나스티라키) 성당에서도 보제로 봉직했다.

8. 이집트에서 사제로 서품되다

성인은 어느덧 학식이 풍부하고 왕성한 활동을 하는 불혹의 40세에 다가섰다. 알렉산드리아의 소프로니오스 총대주교는 각별한 만족감 속에서 총대주교청 성 사바 성당에서 성인을 사제로 서품했다. 그리고 같은 해 8월 수(首) 사제로 축복하고 "영적 자녀들이 고백성사를 할 수 있도록" 그에게 영적 아버지의 자격을 부여했다. 총대주교는 성인을 니콜라스 성당이 있는 카이로의 총대주교청 대표부 교회에 임명했다. 넥타리오스 수 사제는 교회 바로 옆의 "작은 집에" 머물렀다.

그는 카이로의 대표부 교회에서 가슴속 깊이 쌓아둔 하느님에의 열정에 더욱 불을 붙였고 그의 넘치는 사랑을 주변에 전달하였다. 성인은 카이로와 알렉산드리아, 자가직과 포르트사인트를 다니며 쉬지 않고 복음을 전했다. 고통 받는 자들과 도움을 필요로 하는 자들에게 힘이 되어 주었으며 총대주교청의 시설물들에 관심을 기울였다. 교인들에게 고백성사를 해 주고 성당들을 새롭게 개축하며 저술과 출판에 힘을 쏟았다. 총대주교청 대표부의 건물을 수리하고 오래된 귀한 이콘들을 보존했다. 성인의 주도하에 카이로의 성 니콜라스 성당에 이콘을 그렸으며 시외에 위치한 성 마르코 성당 마당에 빈자들을 위한 17개의 작은 집들을 세웠다.

특히 이 모든 것들은 수시로 열병에 걸려 고생하던 성인이 경제적으로 여력이 없던 상황 속에서 일궈낸 업적이었다. 그 당시 이집트에서는 열병이 만연해 성인은 키니네 약을 복용해야 하는 상태에 있었다.

9. 펜다폴리의 교구장

펜다폴리 교구장

성인의 모범적인 삶과 근면함, 그리고 성인에 대한 신자들의 좋은 평판은 소프로니오스 총대주교가 성인을 교구장으로 임명하는 데 일조했다. 이렇게 1889년 1월, 넥타리오스 케팔라스 수(首) 사제는 "과거 영화를 누렸던 펜다폴리[4] 교구장"으로 선출된다. 펜다폴리는 오늘날 리비아에 있는 도시로서 과거에 아주 중요했던 교회 관구 중 하나였다. 알렉산드리아 총대주교청 문서보관부에는 총대주교가 자필로 서명한 서품 문서와

---

4) 이집트에 있는 키리나이키 펜다폴리, 곧, 키리니, 베레니키, 아르시노이, 프톨레마이다 그리고 아폴로니아의 다섯 도시를 의미한다. 다섯 도시의 연합은 프톨레마이다 왕조시대에 가장 번성했다. 오늘날까지도 알렉산드리아의 총대주교는 "대도시인 알렉산드리아, 리비아, 펜다폴리의 총대주교"라는 직함을 사용한다.

선출에 관한 "기록문서"가 있다.

그런데 성인이 교구장으로 선출되었어도 실상은 교구가 없는 명예직이었기에 성인은 총대주교의 결정에 따라 카이로에 계속 머무르며 총대주교청 사무실을 운영하고 교회의 행정을 대표했다. 결과적으로 성인은 주교가 되었지만 예전에 사제였을 때처럼 그대로 직무를 수행했다.

성인은 주교로서의 월급이 없었으며 다른 고정수입도 특별히

넥타리오스 주교

없었기에 생활은 여전히 곤궁했다. 그럼에도 성인은 구세주 예수 그리스도께서 말씀하신 것처럼, 이집트 교회의 밝은 등불이 되어 하느님의 지혜와 복음을 말과 행실로 세상에 전파 했다.

10. 이집트에서의 핍박과 추방

　선한 사람을 증오하는 사탄의 계략으로 성인은 슬픔과 고통, 수치와 박해를 받았다. 물론 이런 시련은 의인들에게 흔히 있는 일들 중의 하나였다. 그것은 첫째, 성인들의 모범적인 삶이 악인에게 양심의 가책을 자극하기 때문이며 둘째, 하느님의 사람이 아닌 지역유지들은 훌륭한 성인들의 삶을 시기하고 질투하기 때문이다. 그런데 이러한 일이 생기는 것은 성인들이 자석처럼 사람들을 주변으로 끌어들여 악한 지역유지들에게서 사람들이 멀어지게 하는 역할을 하기 때문이다.

　넥타리오스 성인에게도 이와 똑같은 일이 발생했다. 성인의 지칠 줄 모르는 활동과 성스런 삶은 사악한 인간들의 시기와 질투를 불러왔다. 그들은 무자비와 모략과 모함을 통해 자신들의 시기와 질투를 실행에 옮겼다. 그들은 마치 성인이 총대주교가 되기 위해 몰래 총대주교청에 반하는 음모를 꾸미는 것처럼 만들었다! 그 밖에도 성인이 부도덕하며 모사꾼이라고 하는 모함을 서슴지 않았다! 이러한 그들의 모략은 90세가 넘었던 총대주교를 쉽게 현혹시켰다. 얼마 지나지 않아 경건하고 역동적이며 겸손하고 순결무구한 주교는 핍박을 받게 된다!

　무자비한 모함을 받은 성인은 그 때까지 성인을 지켜주던 소프로니오스 총대주교의 냉대에 봉착한다. 총대주교는 1890년 5월 3일자의 문서로 카이로에서의 성인의 모든 직무를 정지시킨다. 문서에는 이렇게 기록되어 있다. "펜다폴리의 교구장 넥타리오스 주교는 카이로의 총대주교청 사무실의 운영과 또 총대주교청의 대표와 교회 행정 책임자의 직무를 수행할 수 없다. 성직은 그대로 유지되며 만약 본인이 원할 시 카이로의 총대주교청 대표부에 있는 거처에 머물며 연구와 저술활동을 할 수 있다. 식사는 공동식탁에서 사제들과 함께 한다." 한편, 총대주교의 허락 없이는 어떠한 경우에도 구 카이로뿐만 아니라 총대주교청 관할권 안에 있는 그 어떤 마을에도 갈 수 없다고 하면서 동시에 누군가가 성인을 초대하면 결혼성사와 세례성사, 장례식 및 추도식 그리고 축일예배를 드려도 좋다는 모순된 지침을 내린다.

　그리스도인의 관용과 인내로 무장했던 성인이지만 복음 사역을 멈출 수 없었기에 마땅히 자신에게 내린 결정에 대해 총대주교청에 그 사유를 알려주도록 요청했다. 하지만 성인을 음해하려던 소프로니오스 총대주교의 측근들은 아무런 답변을 주지 않았다. 오히려 1890년 7월 11일, 카이로의 총대주교청 사무실과 위원회의 새로운 책임자를 임명한 후 '넥타리오스 주교가 이집트의 펜다폴리에 머물 하등의 이유가 없다' 는 새로운 공지를 발표했다. 그리고 총대주교청을 떠나 '본인이 원하는 곳으로 떠날 것'을 명령하였다.

추방명령서에는 성인이 "이집트의 기후에 적응하지 못했다"고 이유를 적고 있다! 이렇게 해서 그들의 거짓된 모략은 실현되었고 펜다폴리의 넥타리오스 주교는 이집트를 떠나게 되었다. 한편 이집트 주재 그리스 총영사 그리파리스는 성인과 관련된 보고를 그리스 본국 외무부에 보냈다. 그 보고내용은 우리에게 시사하는 바가 커서 여기에 인용해 본다. "넥타리오스 주교는 열정을 다해 자신의 직무를 수행했으며 진정한 수도사의 삶을 보여주었다… 넥타리오스 교구장은 모략과 모함에 희생되었으나… 모든 이들로부터 훌륭한 성직자로서 그리고 지칠 줄 모르는 활동가로 인정받았다."

새로운 공지가 발표되었을 때 성인의 대처는 과연 어떠했을까? 그것은 진정한 하느님의 사람들에게서만 볼 수 있는 그런 모습이었다. 성인은 인내와 평정, 그리고 그를 모략한 사람들에 대한 사랑과 연로한 총대주교를 이해하려 했다. 성인은 자신보다는 교회의 평화를 우선시 했다. 만약 성인이 자신의 결백을 주장하며 모사꾼들을 찾아내 그 상황을 타개하려 했다면 분명 교회에는 엄청난 혼란이 일어났을 것이고 신자들의 영혼은 큰 상처를 받게 되었을 것이다.

따라서 성인은 신자들을 제대로 돌보지 못하게 된 것이 무척 슬프고 가슴 아팠지만 "나 때문에 모욕을 당하고 박해를 받으며 터무니없는 말로 갖은 비난을 다 받게 되면 너희는 행복하다. 기뻐하고 즐거워하여라. 너희가 받을 큰 상이 하늘에 마련되어 있다. 옛 예언자들도 너희에 앞서 같은 박해를 받았다."(마태복음 5:11-12)라는 주님의 말씀을 마음에 새기고 그 수모를 기꺼이 받아들였다. 신자들은 성인이 떠나는 것에 큰 슬픔과 아픔을 나타냈다.

11. 일반 설교사제로 임명되다

넥타리오스 주교

이집트에서 추방된 넥타리오스 성인은 1890년 8월 아테네에 도착했다. 억울한 누명을 쓰고 모함을 받은 채 애처로운 모습으로 아테네에 온 것이다.

성인은 집도 돈도 없었다. 마침내 노인 할머니가 살고 있는 집 옆에 딸려있는 방 하나를 힘들게 찾았다. 그리고 돈이 구해지는 즉시 집세를 내겠다고 할머니를 설득해 겨우 방을 얻었다.

언젠가는 성인이 수중에 돈이 하나도 없어서 3일 동안 방에서 나오지 못한 적도 있었다. 추방당한 주교의 생활을 지켜보던 할머니는 혹시 성인이 나쁜 생각을 하지 않을까 걱정이 되었다. 하지만 성인에게 다가갈 용기가 나지 않았다. 어느 날, 마침내 할머니는 성인의 방문을 두드리기로 했다. 그리고 음식을 담아 그에게 갔다.

설교사제로 봉사하는 넥타리오스 주교

"대주교님, 괜찮으세요? 너무 마르고 수척해지셨어요."

"하나의 시련이니 곧 지나갈 겁니다. 하지만 솔직히 제 생애에서 이런 시련은 처음 겪는답니다."

"어떻게 그렇게 무일푼으로 혼자 계시게 된 건지…"

"사탄의 계략이랍니다. 사탄이 나의 인내를 시험하며 나를 분노케 하기 위해 안간힘을 쓰고 있답니다. 하지만 하느님께 영광을 드립니다. 왜냐하면 성 삼위의 두 번째 위격이신 우리의 그리스도, 사랑하는 우리 구세주께서 제게 힘을 주시며 이 어려움을 극복할 수 있도록 도와주고 계시기 때문이죠. 할머니, 당신의 호의와 사랑에 감사드립니다. 그런데 아직 제가 집세를 못 드렸네요. 조만간 꼭 낼 수 있도록…"

20세기의 세계적인 성인_47

성찬예배 후 신자들과 함께

"대주교님, 집세 걱정은 더 이상 하지 않으셨으면 좋겠어요."

성인은 손을 들어 그녀를 축복해 주었다.

그리고 성인이 아직 일을 찾지 못하는 가운데 세월은 흐르고 있었다.

결국 성인은 주교의 권위를 전혀 의식하지 않은 채 그리스 정교회 주교회의에 더 낮은 자리를 요청한다. 그리고 주교직보다 낮은 위치인 단순한 설교사제의 직분을 부여받는다. 참으로 우리가 본받아야 할 겸손의 미덕이 아닐 수 없다! 이렇게 성인은 에비아의 설교사제로 임명된다.

1891년 3월 열성적인 주교는 에비아의 모든 섬들과 스키아토 섬들 그리고 스코펠로를 아우르는 할키다 관구 지역을 가꾸기 시작했다. 성인은 직접 마련한 계획안에 따라 주일과 축일에 하느님의 말씀을 설교했다. 그리고 "도시와 마을을 쉴 새 없이 돌아다니며 성당의 종소리를 듣고 모여든 사람들에게 하느님의 말씀을 가르쳤다." 처음에는 신자들이 성인의 사역을 의심어린 눈빛으로 경계하였지만 – 이집트의 모사꾼들에 의해 성인에 대한 나쁜 소문이 그곳까지 퍼지게 되었으므로 – 진실을 깨닫게 된 신자들의 환대는 놀라울 정도였다. 지역 신문들은 서로 앞 다투어 성인에 대한 기사들을 실었다. "그의 설교는 경이로운 예술이고 놀라운 가르침이며… 아직 그의 설교를 들어보지 못한 사람은 반드시 그의 설교를 들어보는 것이 좋을 것이다. 왜냐하면 얻는 것이 너무나 많기 때문이다."(1891년 3월 22일자 '팔리리아' 신문). "학식을 갖춘 이 사제는… 그의 설교를 듣고 배우기 위해 열정을 가지고 모여든 수많은 사람들의 존경과 평판을 한 몸에 받으며… 그의 설교의 능력과 언변은 놀라운 칭송의 대상이 되고 있다."(1891년 3월 30일 '에브리포스' 신문).

하느님의 은총을 입은 성인은 예배집전과 설교에 만족하지 않았다. 그는 사회기관들과 감옥 그리고 학교를 방문해서 복음을 전했고 책을 출간했으며 "말과 행위로" 힘이 되어 주었다. 빈자들과 "무거운 짐에 허덕이는 사람들"을 찾아 다녔고 모든 사람들에게 선한 사마리아인이 되었다. 그는 이집트에서처럼 또 다른 사악한 사람들이 쳐놓은 방해에도 여전히 착한 목자였고 우리의 아버지이자 형제였다. 성인을 핍박하던 그들은 성인에 대한 무지와 냉대, 무례와 무분별함, 그리고 법조항을 고집하며 권력의 교만으로 주교회의에 보고하고 넥타리오스 성인에 대한 박해를 공개적으로 선포했다. 그들은 특히 설교사제가 예배집전을 할 권한이 없다는 주교회의의 결정문을 그 근거로 삼았다.

이 사건은 넥타리오스 성인이 사퇴서를 제출하도록 만들었다. 왜냐하면 "설교사제의 정확한 직분에만 충실해야만 하는" 그런 상황 하에서는 더 이상 일을 하는 것이 불가능했기 때문이었다. 신자들과 지역 언론매체들은 성인의 입장을 옹호했다. 주교회의는 성인의 사퇴서를 받아들이지 않았다. 그리고 성인에게 "신품성사와 성당 축성식, 안수를 제외한" 나머지 예배를 집전할 수 있도록 허가했다.

에비아 신자들의 성인에 대한 사랑은 넥타리오스 성인을 라코니아로 발령한 1892년 3월 7일자의 임명을 철회시킨 데에서 결정적으로 드러난다.

1893년 여름 할키다의 교구장으로 에브게니오스 대주교가 선출되었을 때는 위와 같은 일이 발생하지 않았다. 그 때는 주교회의 의장 게르마노스 대주교가 판단한 것처럼 영적 이유로 프티오티도포키다 지역으로 성인의 부임이 결정되었기 때문이다. 성인은 에비아 신자들의 반발에도 불구하고 그곳으로 부임했다.

성인은 라미아 관구를 중심으로 설교사제로서 놀라운 활동을 보였다. 그는 라미아, 암피사, 도모코스, 스틸리다, 아탈란디, 갈락시디, 그 외의 마을과 촌락, 그리고 학교들과 감옥들을 쉴 새 없이 다니며 복음을 전했다. 사람들은 그의 생동하는 가르침을 듣고 참회하고 회개했으며 다시 어머니 교회와 하나가 되었다. 성인은 프티오티도포키다 지역에서 불과 6개월 정도(1893년 9월 30일 – 1894년 3월)밖에 봉직하지 않았음에도 엄청난 업적을 남겼다.

12. 리자리오 신학교에서의 봉직

1894년 3월 초 넥타리오스 성인은 그리스 정교회 주교회의와 교육부의 결정으로 리자리오 신학교의 책임자로 부임한다.

당시 그리스도교 잡지 "구세주"는 리자리오 신학교의 새로운 책임자에 대한 인물평을 이렇게 적었다. "최상의 윤리와 행정능력, 학식과 겸손한 태도, 한 마디로 대주교의 덕을 갖춘 인물이다."

넥타리오스 성인이 리자리오 신학교에 부임했을 당시 성인의

리자리오 신학교

리자리오에 부임하던 당시

나이는 48세였다. 그의 영성은 이미 빛을 발하고 있었고 세월과 함께 더욱 찬란하게 빛났다. 넥타리오스 주교가 아직 성인으로 공식 선포되기 전, 1902년-1907년까지 성인에게서 배웠던 한 제자는 1948년에 성인을 이렇게 기술했다. "키는 보통이었고(…) 얼굴은 온화한 미소를 띤 이목구비가 뚜렷한 미남형이었으며 그의 파란 눈에서는 빛이 반짝거리는데 마치 봄의 여명 같았다. 환한 얼굴은 적당한 길이의 하얀 수염이 감쌌다. 그의 모습은 성서에 나오는 그런 아름다운 모습이었다."

넥타리오스 성인은 교육사업의 특성과 또 다양한 계층의 학생들에게서(당시 아테네 지역의 부유층 자녀들이 많이 입학했는데 성직에 뜻을 둔 것이 아니라 수준 높은 학교 교육을 받기 위한 것이었다) 발생하는 많은 어려움, 그리고 당시의 불신과 학교 운영위원회의 간섭에도 불구하고 – 아테네대학교 신학대학 다음으로 – 중요했던 교회 교육기관을 14년간 성공적으로 운영했다. 성인은 그의 사명을 실현하기 위해 그리스도의 사랑과 인간애 그리고 아버지 같은 따뜻함으로 학생들을 다스렸고, 지혜와 지속적인 기도, 그리고 밤잠을 설치는 관심을 기울였다. 성인에 관한 한 일화가 있다. 한 학생이 어떤 중한 잘못을 범했는데 성인은 그 책임이 자신에게 있다고 여겼다. 그래서 성인은 정성을 다해 오랜 시간을 기도

한 후 그 책임에 대한 벌로 엄격한 금식을 자신에게 적용했다. 이러한 조치는 감성이 예민한 학생들에게 큰 영향을 미쳤다. 그들은 성인의 그런 모습을 보고 잘못을 뉘우치며 두 번 다시 그런 잘못을 범하지 않았다.

성인은 규율에 따라 어쩔 수 없이 벌을 내리는 경우가 있을 때면 무척 마음 아파했다.

그러면 리자리오 신학교의 한 학생이 기술한 사건을 살펴보자.

언젠가 4명의 학생들이 사소한 일을 가지고 서로 다퉜다. 그들은 마침내 서로 치고받고 또 심한 욕을 주고받는 지경까지 갔다. 학교 기숙사 사감은 학생들을 나무란 후 학교를 책임지고 있는 성인에게 학생들을 데리고 갔다.

"무슨 일로 왔니?" 성인이 그들에게 물었다.

"대주교님… 파파흐리스도스가 사람들 앞에서 저를 도둑이라고 했습니다."

"그 말이 사실이냐?" 차분하게 성인이 다시 물었다.

"아닙니다. 거짓말입니다. 오히려 저 애가 제 고향을 욕했습니다."

"정말이냐?"

세 번째 학생이 끼어들며 말했다.

"제가 사실을 말씀드리겠습니다. 한 친구가 어떤 잡지를 빌려달라고 했는데 빌려주지 않아 싸움이 시작된 것입니다."

"그런데 너는 왜 여기에 왔지?" 성인이 네 번째 학생에게 물었

신학교 학장 집무실

다.

사감이 나서서 말했다.

"학장님, 이 학생이 이 모든 일의 주동자입니다. 학생들이 서로 싸우도록 조장하고 자기는 그 싸움을 즐겼습니다."

순간 침묵이 흘렀다.

성인은 눈을 맞추고 그들을 하나하나 바라보았다. 슬픔에 젖은 그의 파란 눈이 그들을 응시했다. 그리고 조용히, 천천히 말하기 시작했다.

"너희들이 한 행위가 나를 무척 슬프게 하는구나. 모든 게 다 나의 불찰이니 내가 나를 벌할 것이다."

"대주교님 자신을요?" 사감이 의아해하며 물었다.

"그래. 금식을 하며 내 자신을 벌할 것이다. 앞으로 삼 일간 금식을 할 것이니 주방에 얘기해서 나에게 음식을 가져오지 못하도록 하라. 나는 음식을 먹는 그 시간에 학교에서 일어난 불미스런 일에 대해 하느님께 기도를 올릴 것이다."

"네. 알겠습니다. 대주교님."

"얘들아, 이런 불미스런 일이 일어난 것에 대해 참으로 마음이 좋지 않구나. 너희는 지극히 높으신 분의 사제가 될 사람들이 아니냐! 이제 그만 돌아가거라. 그리고 주님께서 너희가 한 잘못에 대해 회개할 수 있도록 너희에게 자비와 빛을 내려주시기를 기원하마."

학생들은 아무 말도 못하고 성인을 바라봤다. 성인의 눈에서는 눈물이 흐르고 있었다.

"이제 그만 돌아가거라…"

학생들은 성인의 음성을 다시 한 번 들었다.

"그리고 오늘 점심때까지 서로 진심으로 화해하거라. 그렇지 않으면 나는 계속 벌을 계속 받게 될 거야."

학생들은 두려움과 경외심에 사로잡힌 채 침울하고 놀란 얼굴로 한 명씩 사무실에서 빠져나왔다.

점심 때 4명의 학생들은 식당에 나타나지 않았고 일체 음식에 손대지 않았다. 그리고 방에 들어가 한없이 울었다. 지금껏 그렇게 운 적이 없었다. 그렇게 울고 난 후 그들은 바로 화해했다.

이 소문은 교실에서 교실로 전해졌다. 학생들은 놀라워하며 서로 대화를 주고받았다. 그리고 학생들의 잘못을 자기에게 돌리며 스스로 벌을 받는 자신들의 학장에게 깊은 존경을 표했다.

수행으로 단련된 성인은 따뜻한 눈빛으로 아무런 동요 없이 실제로 삼 일간 금식을 했고 학교 학생들의 영적 성장을 위해 뜨거운 기도를 올렸다.

성인의 이런 모습은 학생들에게 무엇이 남을 위한 희생이며 사랑인지, 십자가에 못 박히신 그리스도의 사제직이 무엇을 의미하는지를 몸소 깨닫게 해 주었다.

성인이 안식하실 때까지 성인을 끝까지 충실하게 따랐던 제자 콘스탄티노스 사코풀로스의 편지는 신학생들이 자신들의 학장을 어떻게 바라봤는지 또 세상에서 수행해야 할 성직의 위대한 사명을 그들이 어떻게 느끼고 있었는지 짐작케 해 준다. 사코풀로스 학생이 라미아에 있는 그의 오랜 친구에게 보낸 편지를 살펴보자.

    사랑하는 친구 아가멤논,

    올바른 성직자는 하느님의 은총에 힘입어 수백 명의 영혼을 덕으로 인도하고 구원으로 이끌 수 있지. 그리고 사람들의 마음속에 보석같은 사랑의 꽃을 피울 수 있지. 다행히도 우리 시대에는 우리 학장님 같은 분이 계신다네. 그분은 밤낮을 가리지 않고 하느님의 위대한 사명을 수행할 수 있는 인물로 교회를 채우려 노력하지. 그분의 혼과 거룩한 영혼에 영향 받은 많은 훌륭한 지도자들이 교회를 위

리자리오 신학교 학장

해 봉사할 준비를 갖추고 있다네….

그 분에 대해 내가 알고 있는 것을 모두 다 그대에게 적어 보낸다 해도 나는 그분의 감춰진 많은 은사를 빼놓는 누를 범할 것일세. 그분은 자석처럼 나를 잡아끄는 힘이 있어 나는 도저히 그분에게서 떠날 수가 없다네. 나의 동료 학생들도 이 사실을 고백하지. 그분의 단순하고 겸손한 모습 속에 무엇이 감춰져 있는지, 어떤 빛이 숨겨져 있는지 참으로 모르겠네. 그분은 세상에서 살아가고 세상과 대화하는 분처럼 계시지만 세상 사람이 아닌 것처럼 느껴지기도 하지. 보통 사람들이 갖는 꿈과 이상, 그리고 지향과는 일체 관계도 접촉도 없는 분 같다네. 밤낮없이 기도를 하고 세상의 구원을 위해 기도하며 경외심을 갖고 하느님의 영원한 왕국을 고대한다네. 남들이 알지 못하는 그 길을 그분은 잘 알고 계신다네. 왜냐하면 악의가 전혀 없는 선한 분이기에 모든 이를 사랑하고 또 선한 눈빛으로 사악한 자들을 잠재울 수 있기 때문이지. 많은 사람들과 대화를 나누고 그들을 평안하게 해 주며 비할 데 없는 공손함과 온화함으로 육화하신 구세주께로 인도하지. 사랑하는 형제여, 그분의 모범된 삶은 한 번도 스러지거나 실패한 적이 없다네. 그분은 육체를 가지고 계시지만 그 속에서 비잔틴의 경이로운 수도주의 곧, 천사와 같은 동정의 수도주의가 다시 꽃피고 있다네. 그분은 사람이지만 천사와 같이 산다네. 내 주변에는 약 백여 명의 친구들이 있지. 그들은 서로 다른 성격과 세상적인 생각으로 흐르는 자연스런 경향 때문에 가끔 성숙하지 못한 행동을 해서 말썽을 피우곤 한다네. 그런데 그들이 말썽을 피우고 나면 두려움에 몸을 움츠리는데 그것은 거룩한 학장님을 화나게 해서가 아니라 - 그것은 그들을 크게 자극하지 못할 거야 - 그들의 잘못으로 학장님께서 슬퍼하시고 눈물을 흘릴 것을 걱정하기 때문이지. 그리고 당신 스스로를 자책하며 식사를 드시지 않고 금식을 할까봐 걱정이 앞섰기 때문이라네.

사랑하는 나의 오랜 지기 아가멤논, 아마도 내가 자네를 피곤하게 했는지 모르겠네. 이제 글을 마칠 때가 된 것 같아. 그런데 친구, 내가 자네에게 적어 보낸 내용은 이곳에서의 내 삶의 극히 일부라는 것만 알아주게. 그렇다고 내가 변했거나 뭔가 천상의 인물이 된 것으로 생각하지는 말아주게. 그건 말도 안 되는 소리라네. 나는 흙에서 나온 예전의 인간처럼 여전히 인간을 살육하는 맹수의 덫에 걸릴 위험에 노출되어 있다네.

그럼, 친구 잘 지내게.

사랑하는 친구 코스타 사코풀로스

넥타리오스 성인은 성직을 준비하는 학생들에게 뜨거운 믿음과 성직에 대한 열정을 심어주는 것이 가장 우선이라 생각했다. 그래서 학교에 부임한 후 1894년 6월 16일 아테네의 대주교와 고위 성직자들, 그리고 교회와 학교를 관장하는 기관장의 대표가 자리한 첫 공식 강연에서 성직자의 중요성을 언급하며 신학교가 성공적인 사역을 다하기 위해서는 졸업생들이 서품을 받을 때까지 직장에서 일할 수 있도록 조치를 취해 주어야 한다고 지적했다.

리자리오 신학교 학생들과 함께

1905년 6월 "신학교 졸업생들에게" 한 성인의 강연은 아주 특징적이다.

나는 성스런 교육기관인 이 신학교에서 축복 속에 졸업하는 여러분에게 강연을 합니다. 여러분은 이 신학교에서 따뜻한 사랑을 받으며 5년간 성장하고 교육을 받았습니다. 내가 지금 여러분에게 강연을 하는 이유는 여러분들은 신학교의 운영위원회와 교수님들 그리고 제가 사랑과 보호와 관심 속에 5년 동안 땀을 흘려 얻은 열매이기 때문입니다. 여러분은 여러분을 지극히 높으신 하느님의 훌륭한 사제로 또 봉사자로 양성해 교회로 내보내기 위한 이 신학교의 목표이자 목적입니다. 학교는 소임에 맞게 한 치의 흐트러짐도 없이 최선을 다해 여러분을 교육하는 사역을 다 이루었습니다. 이제는 여러분이 보모처럼 여러분을 키워준 신학교의 사역을 이어 받을 때입니다. 오직 모든 일이 여러분이 받았던 소명대로 또 여러분이 약속한 대로 이루어지길 희망하며, 아무것도 바라지 않고 그 동안 땀 흘려 수고 하신 이들의 염원도 이제 여러분의 손에 달렸습니다. 여러분을 위해 땀을 흘리신 분들은 여러분에게 다른 것을 원하지 않습니다. 그분들은 오직 여러분이 하느님의 성직자가 되어 선하고 덕이 많은 사제로서 그리스도의 교회를 위해 또 그리스도의 복음을 위해 수고하는 모습을 보고 싶을 뿐입니다.

여러분은 사목학을 통해 성직의 거룩함과 영예, 형언할 수 없는 고귀함과 엄청난 가치를 배웠습니다. 그리고 성직이 하느님의 은총을 입고 또 그것을 전하며 초자연적인 능력도 가지고 있음을 알게 되었습니다. 사제가 그리스도의 군인으로서 구원의 사역을 위해 일하는 사람이라는 것도 배웠으며 인간에게서 사제가 나오지만 인간을 위해 하느님의 일을 한다는 사실도 깨달았습니다.

그러므로 여러분은 지나가버리는 세상적인 영광에 현혹되지 마십시오. 그리고 슬픔과 인내의 사역에서 포기하지 마십시오. 그래서 여러분에게 돌아갈 영예를 놓치지 마십시오.

학생들의 더 좋은 교육을 위해 또 학생들이 졸업한 후 다른 길이 아닌 성직으로 나갈 수 있도록 하기 위해 심혈을 기울이고 있는 성인의 모습은 1894년 6월 4일자 하릴라오 트리쿠피 수상에게 쓴 편지에 잘 나타나 있다. 성인은 그 편지에서 여러 가지 문제점들을 지적하며 구체적 방안을 제시하였다. 곧, 학교 교육 프로그램을 재조정하고 졸업생들이 성직을 감당하기에 적당한 나이인 30세가 될 때까지 교사로 일을 할 수 있도록 조치해 줄 것,

또 고등교육을 받은 사제에게 걸맞은 수입을 보장해 줄 것 등이었다. 성인은 또한 학교에도 농경과목을 개설할 것을 제안했는데 학생들이 졸업 후 사회에 나가 폭 넓게 활동하고 아울러 배운 지식을 통해 농사를 지으며 생계를 이어나갈 수 있도록 배려하기 위함이었다.

리자리오 신학교

성인의 경탄할 만한 겸손을 알 수 있는 사건이 하나 있다.

신학교에 5명의 자녀를 둔 청소부가 있었다. 그런데 어느 날 그 청소부가 몸이 아파 병원에 입원해서 결국 수술을 받고 회복하는 데까지 수 개월이 걸렸다.

학교 운영위원회는 그를 해직하고 다른 직원을 뽑기로 결정했다. 그 소식을 알게 된 성인은 노심초사했다. 왜냐하면 직장을 잃으면 그 청소부는 5명의 어린 자녀를 부양할 없었기 때문이었다. 성인은 마침내 기발한 방법을 찾아내었다. 먼저 위원회를 설득해 그를 해직시키지 않도록 하였다. 그리곤 청소부가 회복되어 돌아올 때까지 학교 청소를 믿고 맡길 사람을 알아서 찾아보겠다고 했다.

한 밤중이었다. 학생들과 학교 관계자들은 모두 잠을 자고 있었다. 그 시간에 성인이 아무도 모르게 조용히 잠자리에서 일어났다. 그리고는 교무실과 사무실, 복도와 화장실을 청소하는 것이 아닌가! 월급날이 되자 성인은 그 돈을 병원에 있는 청소부에게 보냈다.

그런데 어느 날 한 학생이 밤중에 볼 일을 보기 위해 화장실을 찾았다. 그는 걸레질을 하고 있는 성인을 보고 깜짝 놀랐다.

"대주교님께서 화장실 청소를 하시네요?" 놀란 학생이 물었다.

"얘야, 내가 무슨 큰일이나 하는 것처럼 생각하지 마라." 성인이 그에게 대답했다. "나는 지금 약간의 운동을 하고 있는 거란다. 네가 잘 알다시피 내가 사무실에서 너무 오랜 시간 앉아 일을 보잖니. 그런데 얘야, 네가 본 것을 누구한테도 말하지 않았으면 좋겠구나."

리자리오 신학교의 성 게오르기오스 성당

성인은 이렇게 자신이 가지고 있는 겸손의 덕을 숨겼다. 주님의 계명에 따라 남몰래 선한 일을 한 것이었다(마태복음 6:1-4 참조).

성인은 신학교 교육의 기본을 예배생활로 보았다. 그래서 당시 리자리오 신학교는 이 중요한 예배의 중심이 되었다. 당시 많은 사람들이 학교에 있는 성 게오르기오스 성당의 성찬예배와 여러 예식들에 참례하려고 서로 자리다툼을 할 정도였다.

1896년 아테네 신문 "프로이아"는 학교 성당 축일과 학교 설립자들을 위한 추도식의 분위기를 이렇게 전했다.

"어제 리자리오 신학교의 성당에서 설립자들을 위한 연중 추도식이 엄숙하고 질서정연하게 거행되었다. 학교는 은매화로 예쁘게 꾸며져 있었으며 설립자 게오르기오스 리자리스 고인의 영정은 꽃으로 장식되어 있었다. 성당 안에는 학교 운영위원들과 교수들, 학생들과 많은 교인들이 자리했다. 존경을 한 몸에 받고 있는 학장 넥타리오스 대주교의 집전과 교인들의 영혼을 천상으로 이끌어주는 훌륭한 재능의 소유자인 저명한 음악가 사켈라리도스에 의해 추도예식은 교인들의 신심과 아름다운 선율이 함께 어우러지는 가운데 하느님께 드려졌다. 학생들 모두 하느님과 설립자에게 감사드렸으며 그곳에 참례했던 모든 이들은 하나같이 학교와 성당을 나서면서 진심으로 설립자의 명복을 기원했다."

그 밖에도 저명한 학자들에 의한 강연이 종종 신학교에서 행해졌다. 저명한 학자들의 수준 높은 강연들은 학교의 수준을 높여

주었을 뿐만 아니라 학교가 영적인 기관으로 널리 빛날 수 있도록 해 주었다. 성인은 학교에 필요한 장서에도 지대한 관심을 기울였다. 당시 479권의 책을 기증한 미국의 부영사에게 감사의 인사를 전한 성인의 문서가 오늘날까지 보존되어 있다. 성인은 책을 기증한 감사의 표시로 성인의 책 중 교육학, 사목학 그리고 서사시와 엘레지에 대한 견해라는 책을 각각 5권씩 복사해서 "알아서 필요한 곳에 유용하게" 쓰라고 부영사에게 선물로 보내주었다.

성인은 지속적이고 진실된 예배 생활을 했을 뿐만 아니라 언제나 리자리오의 젊은 새싹들을 위해 기도했다. 성인의 오랜 제자는 이렇게 적었다.

"학교가 완전히 조용해지고 모든 이들이 잠자리에 드는 늦은 밤이 되면 넥타리오스 성인은 방에서 조용히 나와 학교 남쪽 출입구가 있는 낮은 지형의 정원으로 내려가곤 하였다. 지금은 야자수가 심어져 철조망으로 둘러싸여 있지만 예전엔 소 성당이 세워져 있었던 그곳 가까이에서 성인은 궂은 날씨에도 불구하고 오랜 시간 무릎을 꿇고 하느님께 기도를 드리곤 하였다."

13. 학교 업무 외의 활동

넥타리오스 성인은 리자리오 신학교에서 봉직하는 것 외에도 필요할 때마다 아테네 대주교의 승인이나 요청으로 예배와 설교 그리고 자선활동을 병행했다.

성인은 아테네와 피레아의 교회에서 예배를 집전하는 것 말고 설교도 많이 했다. 성인의 설교는 많은 신자들을 다시 하느님 곁으로 인도했다. "아티나이키" 신문은 이렇게 적었다. "아테네와 피레아에서 한 성인의 설교는 그 지역 교회뿐 아니라 사방팔방에서 모여든 수많은 사람들에게 대단한 반향을 일으켰다." 성인은 또한 성직자들에게 사목과 관련한 강론도 많이 하였다. 성인은 신자들이 감사의 표시로 성인에게 경제적인 도움을 베풀면 그 돈으로 학교에 있는 어려운 학생들과 가난한 이들을 몰래 돕곤 하였다. 또 자신의 책을 출판해서 무상으로 나눠주고 수도사들(그리고 그들의 가난한 부모들까지)의 생활을 도와주며 에기나의 수도원을 보수하는 데 사용했다. 성인에게 도움을 입은 많은 사람들은 한결같이 성인이 베푼 놀라운 자선 활동들을 칭송했다. 리자리오 신학교의 성인 집무실은 어느새 자선 기관처럼 되었다. 넉넉하지 못한 가운데에서도 성인이 베푼 몇 가지 자선을 살펴보자.

월초에 어느 날, 어떤 사람이 성인의 사무실에 찾아와서 자기의 빚을 갚기 위해 그러니 25드라크마(당시의 그리스 화폐단위)만 달라고 간청했다. 성인은 그가 요청하는 돈을 주었다 - 그 금액은 성인이 가지고 있는 돈 전부에 해당했다 - 이에 그의 제자 코스타 사코풀로는 불평을 늘어놓았다. 그러자 성인은 하느님께서 모든 것을 다 잘 처리해 주실 것이니 너무 실망하지 말라고 그를 위로했다. 그런데 그 날, 아테네 대주교로부터 결혼성사를 집전해 달라는 요청이 들어왔다. 또한 신학교 학생들이 성가를 불러주면 좋겠다는 제안도 들어왔다. 그 날 수고의 대가로 받은 금액은 도움을 요청한 사람에게 베푼 금액의 5배인 자그마치 120드라크마였다. 성인은 그 돈으로 자신과 일부 학생들에게 필요한 일을 서둘러 처리할 수 있었다.

언젠가 흐리소스필리오티사 교회에서 주일 성찬예배를 마친 성인이 남루한 수단을 입고 있는 사제를 보았다. 성인은 바로 그 자리에서 자신의 수단을 벗어 가난한 사제의 수단과 바꿔 입었다.

또 한번은 병원에서 퇴원한 어느 가난한 사람이 펜다폴리 대주교를 찾아와 약을 살 수 있게 해 달라고 도움을 요청했다. 당시 돈이 하나도 없던 성인은 자신이 선물로 받았던 내의를 그 사람에게 주면서 그것을 팔아 필요한 곳에 쓰라고 하였다. 이 사건은

리자리오 신학교

엘레프테루폴리의 소프로니오스 대주교의 개인 소장품에서 발견된 1940년 4월 16일의 기록 문서에서 간접적으로 확인된다. 그 문서에는 성인이 속옷이 한 벌밖에 없어 옷을 빨면 그 옷이 다 마를 때까지 방안에서 꼼짝도 하지 못했다고 기록되어 있다. 우리는 성인의 여러 편지들을 통해 성인이 에기나로 갈 표를 살 돈이 없었던 경우와 성직자들이 쓰는 모자를 단 하나만 가지고 있었던 사실도 확인할 수 있다.

성인은 학교 밖으로 나와 일을 볼 때 수행보제나 주교의 상징인 목걸이를 하지 않은 채 여느 사제와 다름없는 겸손한 복장으로 다녔다. 언젠가 아기온 오로스(아토스 성산)의 카프소칼리비아의 니코데모스 수도사가 리자리오 신학교 근처에서 성인과 마주쳤다. 성인은 아토스 수도사들의 인사법으로 "축복하소서"라고 하며 니코데모스 수도사에게 인사를 건넸다. 그리고 두 사람은 잠시 이야기를 나누었다.

"누구신지요, 신부님?"

"저 역시 형제처럼 수도사입니다."

"당신은 사제로 보이는데요. 어느 성당에서 봉직하고 계신지요?"

"리자리오의 성 게오르기오스 성당에서 봉직하고 있습니다."

"그렇다면 펜다폴리 대주교님 아니신가요? 제가 알기로는 그곳의 책임자는 그분으로 알고 있는데요. 왜 주교 목걸이를 안 하셨는지요?"

"형제님, 우리 마음속에 그리스도께서 계시지 않습니까? 그게 진정한 의미이지요. 외적인 것은 그렇게 중요한 것이 아니랍니다." 대주교는 겸손하고 온화한 미소로 그에게 대답했다.

아테네와 피레아의 많은 경건한 남녀 신자들은 그들이 직면한 다양한 문제를 해결하고 또 고백성사를 하고 영적 유익을 얻기 위해 자주 넥타리오스 성인을 찾아 왔다.

14. 영적 재충전

리자리오 신학교의 책임자로 봉직하던 기간 중에도 넥타리오스 성인은 영적 재충전에 소홀함이 없었다. 성인은 학교에서의 예배 생활과 성서 공부 그리고 교부들의 영성서적 탐독을 통해서, 그리고 파코미오 아렐라와 아토스 수도사 다니엘 카투나키오티와 같이 영성이 뛰어난 수도사들과 편지 왕래를 하며 영적으로 재충전하는 기회를 가졌다. 그와 동시에 성인은 자신의 영성을 강화시켜 주는 다른 여러 예배 모임에도 적극적으로 참여했다. 두 가지의 경우만 살펴보도록 하자.

우선, 우리가 이미 알고 있는 바와 같이 성인은 젊은 시절 콘스탄티노플에서 생활하며 그곳에 있던 파나기아 타포스(예루살렘에 있는 거룩한 주님의 무덤)의 분원과 교류가 있었다. 그 때 이후로 성인은 자연스럽게 예루살렘 교회와 특별한 인연을 맺고 있었다. 이렇게 성인은 아테네에 있던 파나기아 타포스의 엑사르호스(위임대주교)였던 베들레헴의 안티모스 대주교와 그 분원에 봉직하고 있던 자신의 옛 제자인 아토스 수도사제 요아킴 스페치에리스와 친분을 유지하고 있었다.

  또 성인은 성 엘리새오스 소 성당에서 니콜라 플라나 신부와 유명한 문학가들인 알렉산드로스 파파디아만디와 알렉산드로스 모라이티디스, 그리고 또 다른 경건한 교인들과 함께 철야예배를 드리기도 했다.

15. 아기온 오로스(아토스 성산)로 순례를 떠나다

1898년 7월의 마지막 5일을 남겨두고 넥타리오스 성인은 아토스 성산으로 순례의 길을 떠났다. 성인은 언제나 그곳을 동경했고 이집트에서 추방 당한 후에는 그곳에서 수도생활을 할 계획까지 가지고 있었다. 성인은 6월 29일에 아토스 성산의 다프니 선착장에 도착한 것으로 보인다. 그곳에서 성인은 아토스 성산의 수도이자 행정중심지인 카리에 공동체로 바로 향했거나 길목에 있던 크시로포타모스 수도원을 들러 그곳의 여러 성물들과 함께 그곳에 보존되어 있던 주님의 나무 십자가(주님이 돌아가신 십자가) 조각에 경배하고 그 날 밤을 그곳에서 보낸 것으로 추정된다. 다음날, 아토스 성산의 공동체는 성인을 위해 그곳에 있는 모든 수도원에 다음과 같은 편지를 띄운다.

아토스 성산의 거룩하고 존엄한 20개의 수도원 앞,
본 공동체는 기쁜 마음으로 각 수도원의 원장님과 운영위원들께 다음과 같은 공지를 하는 바입니다. 어제 이곳 아토스 성산에 펜다폴리의 대주교이시며 아테네에 위치한 리자리오 신학교의 학장께서 방문하셨습니다. 이분은 여러 수도원을 순례하시며 각 수도원의 서고를 둘러보고자 이곳을 방문하셨습니다. 총대주교청의 소개편지를 가져오신 펜다폴리의 대주교께서는 우리가 이미 잘 알고 있는 것처럼, 훌륭한 교육자의 한분으로서 또 동방 정교회의 고명한 대주교로 그리고 다양하고 많은 이분의 신학 서적과 교회 서적을 통해서 널리 알려져 있는 분입니다. 특히 영적, 윤리적으로 신자들을 성장시키기 위한 이분의 순수하고 뜨거운 열정, 그리고 지칠 줄 모르는 모습은 그리스의 교회 관계자들로 하여금 이분이 신학교의 중책을 맡도록 만들었습니다. 이에 각 수도원은 이분의 지위에 걸맞게 예의를 표하고 이분을 기쁜 마음으로 영접해 주길 바랍니다. 그리고 세계 총대주교의 소개 편지에 나와 있듯이 이분이 이곳에 오신 목적을 온전히 이룰 수 있도록 최선을 다해 신경 써주실 것을 진심으로 당부합니다. 마지막으로 이분이 한 수도원에서 다른 수도원으로 이동할 때마다 해당 수도원의 책임 수도사 한 명이 함께 수행해 주길 다시 한 번 더 부탁드리는 바입니다.

1898년 7월 30일 카리에
아토스 성산의 20개 수도원의 대표단

아토스 수도사들의 이러한 행위는 전혀 지나침이 없다. 왜냐하면 펜다폴리의 넥타리오스 대주교의 명성은 이미 그들에게도 널리 알려져 있었기 때문이다. 아토스 성산은 성인의 작품을 높이 평가하고 이미 3년 전에 성인이 출간한 "철학과 신학의 금언집"

112권을 매입하였다.

넥타리오스 성인은 카리에에 위치한 유서 깊은 프로타토 성당에 모셔져 있는 기적의 성화 "Ἄξιόν ἐστι"(성모님 성화)에 예를 표하고 판셀리

아토스 성산의 프로타토 성당

노스의 유명한 벽화를 둘러봤다. 그리고 성지인 그곳을 방문한 여느 대주교처럼, 몇몇 예식을 집전했다. 성인은 그 예식에서 가끔 그곳을 방문하는 순례자나 각별히 처음 방문한 순례자들이 경험하는 깊은 신심을 느꼈다.

성인은 그곳에서 아토스 성산의 수도원을 방문할 약 한 달간의 일정표를 만들었다. 왜냐하면 9월 1일 리자리오 신학교가 새 학년을 시작하므로 그 전에 돌아가야 했기 때문이었다. 성인은 수도사의 모자와 남루한 수단, 그리고 바닥이 두꺼운 군화같은 신발을 신고 여러 시간을 걷거나 수도사들이 제공한 동물을 이용해 이동했다. 또 배를 타고 많은 수도원(통상적으로 30명 이상의 수도자들이 모여사는 공동체)들과 스키테(보통 30명 이하), 칼리비(보통 3-5명), 켈리(보통 1-2명) 등을 방문했다. 성인은 빽빽한 나무들과 높이 치솟은 밤나무들, 사이프러스나무와 소나무가 우거진 원시림 같은 곳을 걸었다. 또 수정같이 맑은 물과 새소리를 벗하며 검붉은 깊은 바다가 펼쳐져 있는 장관을 감상했다. 이렇게 성인은 자

연 속에서 창조주 하느님을 더욱 가깝게 만났다. 성인은 많은 수도원들을 거치며 그리스도의 나무 십자가와 순교자들의 성해(성인이 잠든 후 신자들이 넥타리오스 성인의 유해에 경의를 표한 것처럼) 그리고 기적의 이콘들을 순례했다. 성인은 또한 교회의 성상대나 벽화의 이콘 속에서 경건하고 겸손한 성화작가들이 펼친 하느님의 예술을 감상했다. 성화작가들이 하느님에 대한 경외심을 가지고 이콘을 그리기 전에 기도와 금식으로 먼저 자신을 거룩하게 준비했기 때문에 그것은 또한 그들의 사역이 성스러운 것임을 단적으로 보여준다. 그곳에서 성인은 공동체 수도사들과 은둔 수도사들을 만나 대화를 나누었으며 자신이 대주교였지만 그리스도의 겸손한 정신으로 그들에게서 배우고자 하였다. 성인은 주교좌에서 예식들을 직접 집전하거나 아니면 오랜 세월 수도사들의 팔꿈치와 수염으로 인해 반들반들해진 등받이가 있는 긴 의자에 서서, 때론 수도사들의 눈물로 적셔지고 끊임없이 반복되는 회개의 절을 올리면서 흘린 눈물이 스며있는 바닥에 무릎을 꿇은 채 희미한 어둠속에서 수도사의 모자를 쓰고 미동도 하지 않는 수도사들을 지켜보며, 또 교회의 아름다운 성가의 선율을 들으며 천상의 세계로 나아갔다. 그 때 성인은 수도 서원을 하고 여느 수도사처럼 생활했던 히오스 섬의 네아 수도원과 프로바티오 산을 분명 떠올렸을 것이다. 이와 병행해서 학식이 높았던 성인은 그곳에 보관된 진귀한 보물을 확인하고 평소 관심이 있었던 문헌을 시간이 허락하는 대로 살펴보았다.

7월 30일부터 8월 5일까지는 이웃하고 있는 쿠틀무시우 수도

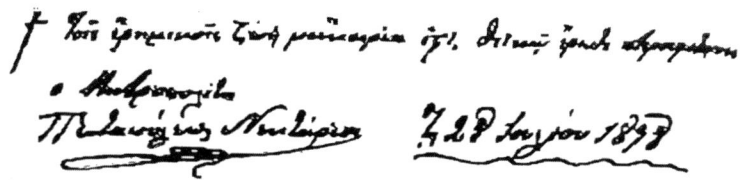

"하느님에 대한 뜨거운 사랑으로 수도의 길을 선택한 이들의 삶은 복되도다."

원과 아토스 성산의 동쪽 지역에 위치한 다른 수도원들과 부속건물들을 방문했다.

　7월 중엽쯤에는 메기스티 라브라 수도원을 방문했다가 후에 주 변모축일(8월 6일)에 맞춰 다시 그곳으로 돌아왔다.

　그곳에서 다시 성인은 산을 넘어 남쪽 지역으로 갔다. 거기에는 명성이 자자한 스케티와 독수도자의 거처, 그리고 수도원들이 있었다. 성인은 닐로스 성인의 스케티를 먼저 방문한 후 곧이어 아래로 내려와 성인의 동굴을 순례했다. 카프소칼리비아에서 성인은 저명한 성화작가 요아사프 사부의 칼리비로 초대되었다. 성인은 그곳의 1898년 7월 28일자 방명록에 이렇게 적었다. "하느님에 대한 뜨거운 사랑으로 수도의 길을 선택한 이들의 삶은 복되도다." 성인은 카프소칼리비아에서 성화작가 파나레토 수도사를 알게 되었는데 파나레토 수도사는 1911년 에기나의 펜다폴리 대주교를 방문해서 성인의 "$Ἱστορία\ τοῦ\ Σχίσματος$(분열의 역사)" 제 1권의 출판 비용을 부담했다.

　성인은 카프소칼리비아와 케라시아 사이에 위치한 티미우 스타브루(거룩한 십자가 수도원)의 한 켈리에서 수도생활을 하고 있던 당시 청년 수도사 아비멜렉 보나키스(1872-1965)를 방문한 것으로 추정된다. 이후 성인과 수도사는 서로 서신을 왕래하면서 수도체험을 공유한다. 1913년 아비멜렉 수도사가 아토스 성산을 나와 새로운 수도처를 찾자 성인은 그에게 스키아토에서 수도할 만한 곳을 찾아볼 것을 권유했다. 성인이 세상을 뜨자 아비멜렉 수도사는 넥타리오스 대주교를 성인으로 받아들였다.

성인은 평범한 수도사처럼 카투나키아와 다니엘 사부의 지도 하에 있는 형제회를 방문했다. 그곳에서 성인은 그들의 예배생활과 다니엘 사부의 인품, 그리고 수도사들의 덕에 깊은 감명을 받았다. 성인은 험준하지만 성스러운 카룰리아로 향하던 중 통찰의 은사를 가진 원로를 만나게 된다. 불행하게도 그 원로의 이름은 전해지지 않는다. 당시 그 원로는 성인을 한 번도 만나 본 적이 없었는데 그를 동행하던 다니엘 수도사제(다니엘의 형제회에서 성가를 맡음)가 좁은 길에서 성인을 앞지르자 "다니엘 형제여, 오래 전에 대주교 성인명부에 들어가신 펜다폴리 대주교를 앞서가다니 그 무슨 무례인가?" 하고 나무랐다.

성인의 카투나키아 방문은 성인과 다니엘 형제회, 특히 다니엘 사부(1844-1929)와의 영적 유대의 계기가 되었다. 넥타리오스 성인은 1903년 3월 다니엘 사부에게 위로의 편지를 보내 그의 슬픔을 위로한다. 왜냐하

다니엘 수도자

면 한 사기꾼이 다니엘 사부의 순수함을 악용해, 요한 크리소스톰 성인의 작품 발간 기금을 마련하는 것처럼 꾸며 50파운드 - 다니엘 사부는 그 돈을 마련하기 위해 메기스티(大) 라브라 수도원에서 그 돈을 빌림 - 를 사취했기 때문이다. 아울러 성인은 그의 아픔을 좀 더 위로해 주기 위해 자신의 귀중한 소장품인 크리소스톰 성인의 희귀 전집 13권(Montfoucon 출판, 베네치아)을 그에게 보내준다. 1908년 겸손의 정신을 소유한 넥타리오스 성인은 수도생활을 잘 아는 다니엘 사부에게 에기나의 수녀들이 제대로 된 수도생활을 할 수 있도록 수도원 생활 지침서를 에기나로 보내줄 것을 요청한다. 아토스 수도사 다니엘 사부는 겸손과 순종의 자세로 1908년 9월 8일자 편지로 성인의 요청에 부응했다.

성인의 이 부탁과 또 다니엘 수도사의 부응에 깊이 감사하는 성인의 모습에서 다니엘 사부는 깊은 인상을 받았다. 1909년 10월 10일 다니엘 사부는 테오로라 카트리치(나중에 티노스의 케크로부니에서 테오도시아 수녀가 됨)에게 수도원 생활 지침서 복사본과 펜다폴리 대주교의 편지의 일부 내용을 편지와 함께 보냈다. 그리고 편지에 이렇게 썼다. "넥타리오스 대주교께서는 겸손한 영적 아버지이다." 그리고 "지침서에 나와 있는 내용은 대주교님의 축복을 받아 이루어진 것이다."

3년 후인 1913년 8월 18일 성인은 다니엘 사부에게 편지를 보내 아토스 성산에서 수도생활을 하고 싶어 하는 자신의 두 영적 자녀들이 그곳에 정착할 수 있도록 "물과 정원, 그리고 가능하면 교회도 있는 성산 남쪽 평지의 켈리"를 알아봐 달라고 부탁한다.

성인 역시 나중에 직무에 지장이 없는 한 영적 재무장을 위해 일정기간 아토스 성산에 갈 계획임을 밝혔다. 또 성인은 그에게 영적 수련을 시작하는 자신의 자녀들을 제대로 인도해 줄 선하고 덕이 많은 스승을 찾아달라고 부탁한다. 왜냐하면 제자들을 올바른 투쟁의 장으로 인도하고 영적 투쟁을 하는 그들에게 말과 행실로 힘이 되어줄 선한 영적 인도자가 필요했기 때문이었다.

다니엘 사부 외에 성인은 형제회의 수도사제인 성화작가 아타나시오스와도 자주 교류하였다. 아타나시오스 수도사제는 수도공동체의 외부적인 일을 담당하였는데 간혹 아토스 성산에서 나오게 되면 기회 있을 때마다 성인을 방문했다. 그는 1909년 11월 15-16일에 처음 에기나 수도원을 방문했다. 그 때 아타나시오스 수도사제는 "넥타리오스 대주교가 집전 하는" 성 삼위 성당에서 함께 성찬예배를 드렸다.

성인 기도하시던 성모님 이콘

넥타리오스 성인은 언제나 다니엘 공동체에 관심을 보였다. 그래서 어떤 때는 성인의 책들을 그곳에 보냈고 또 어떤 경우에는 그곳에 이콘 주문을 하기도 했다. 그리고 때로는 경제적으로 그곳을 지원했다. 이렇게 성인은 "크리소스톰 작품" 말고도 1917년까지 자신이 소장하고 있던 24권의 책을 그곳에 제공했으며 오늘날 예비제단위에 모셔져있는 테오도시오 성녀와 키리아키 성녀 그리고 파라스케비 성녀의 모습을 담은 이콘을 그곳에서 구입했다. 또 성모님의 대 이콘도 구입했다. 성인은 성모님의 그 이콘 앞에서 기도를 드리곤 하였다. 다니엘 사부는 이콘 주문에 관련해서 1916년 2월 5일 성인에게 보낸 편지에 이렇게 적었다. "펜다폴리 대주교의 이콘 주문과 우리를 향한 그분의 사랑에 진심으로 감사드립니다. 우리는 그분을 우리의 보호자요 아버지로서 기억하지 않을 수 없습니다." 또한 그들 공동체의 개축에 경제적 지원을 아끼지 않은 성인에 대해 다니엘 공동체는 그분에 대한 감사의 표시로 " 공동체의 기도 명부에 영적 지도자요 아버지로 그리고 설립자로" 성인 이름을 올려놓았다. 다니엘 공동체 수도사들이 종종 표현하는 감사에 성인은 이렇게 편지를 보냈다. "저를 위해 하느님께 올리는 여러분의 진실한 기도는 분명 저를 구원의 길로 인도해 줄 것입니다."

성인과의 친분에 대해 긍지를 느끼고 있는 다니엘 공동체는 1997년 그곳에 제공된 성인의 유해와 성인이 성찬예배 때 사용했던 안디민숀, 성인이 손수 그곳에 선물한 책들, 그리고 크세니 수녀원장이 1921년에 그곳에 보내준 성인의 수도 모자를 무한한 가치를 지닌 보물처럼 또 성성의 원천처럼 보존해 오고 있다.

넥타리오스 성인은 성 안나 지역을 지나올 때 그곳에서 수도생활을 하던 수행자들을 방문했다. 수행자들 중에는 수도사제이자 영적 사부인 사바스도 있었다.

그곳에서 성인은 또 다른 수많은 수행자들을 만나 "고백성사와 영적 아버지의 훈계로 그들의 영혼을 위로하고 영적으로 무장시켜 천상을 향해 나아가도록 독려했다." 성인은 수행자들과의 영적 대화 외에도, 그리스도인으로서 은사를 받은 어느 사부의 낡고 오래된 페트라힐리(영대) 앞에서 인간으로서 지은 잘못에 대해 무릎을 꿇고 용서를 빌었을 것이다. 성인은 전직 메트론의 도시테오 주교와 마브로브니오 미나 사제 그리고 요아사프 수도사와 각별한 친분을 가졌다.

디오니시아티 가브리엘에 따르면, 전직 메트론의 주교 도시테오스는 "아주 뛰어난 성성의 소유자요 훌륭한 수도사였다." 처음에는 시나돈의 주교로 봉직했다가 1874년에서 1879년까지 메트론의 주교로 봉직했다. 그곳에서 그는 사의를 표하고 아토스 성산으로 들어갔다. 여생이 얼마 남지 않았을 때 그는 주교직을 내려놓고 평범한 수도사가 된다. 도시테오스 주교와 함께 공동 수도생활을 한 수도사 요아사프는 1915년 6월 23일자 편지에서 넥타리오스 성인에게 이렇게 적었다.

"메트론의 주교께서 제게 분부하신 대로 그분의 형제애를 먼저 당신께 전합니다. 메트론의 주교께서는 수도사로 서원하시기를 원하셨습니다. 그런데 그분의 성스러운 모습은 우리를 깜짝 놀라게 했습니다. 서원의 시간이 다가오자 그분은 당신의 모든 주교직과 관련된 성물을 손에 들고 제단 문 밖에 서서 눈물을 흘리며 떨리는 소리로 이렇게 말했습니다. '나의 그리스도여, 이 죄인이 40년 동안 이 성물을 지니고 주교로서 봉직해 왔습니다. 이제 당신께 용서를 빌며 이 성물을 당신께 다시 돌려드리려 합니다. 저는 수도사가 되기를 원합니다. 그 누구에 의해서가 아니라 내 스스로 진정 얼마 남지 않은 여생을 참된 회개 속에서 마치고 싶습니다.' 넥타리오스 대주교님, 그 자리에 있던 모든 사람들의 눈은 전례 없던 그 신비를 지켜보았습니다."

주교 수도사는 3개월 후에 잠이 들었다. 요아사프는 1915년 9월 23일 성인에게 다시 편지를 보냈다.

"메트론 성인께서는 우리를 두고 영원한 안식처로 들어가셨습니다. 그분께서는 성모 탄생 축일 전날 우리를 불러 이렇게 말씀하셨습니다. '형제 여러분, 저는 이제 잠이 들 것입니다. 내일 제게 성유성사와 주님의 몸과 피를 영할 수 있도록 부탁드립니다.'

다음날 아침 축일 성찬예배 전에 약간의 미열이 메트론 주교에게 찾아왔고 우리는 그분께 영성체를 해 드렸습니다. 영성체 후 그분은 고개를 약간 들고 우리를 한 명씩 돌아본 후 조용하고 평안하게 고개를 내려놓고는 거룩한 날, 거룩한 시간에 숨을 거두시었습니다. 그분은 우리에게 강하고 선한 감명을 남겨주시고 떠나셨습니다. 우리는 그분으로 인해 많은 위안을 받고 있습니다. 넥타리오스 주교님, 당신의 형제애로써 그분을 위해 기도해 주십시오."

언젠가 성인은 아토스의 수도사들이 미나 마브로부니오 신부라고 부르는 은사의 사부와 대화를 시작했다. 그런데 그들은 시간 가는 줄 모르고 이틀 동안이나 대화를 나누었다. 미나 사부의 제자가 혹시 무슨 일이 생긴 게 아닐까 걱정이 돼서 사부의 방문을 두드렸다. 그러자 미나 사부가 제자에게 말했다. "얘야, 펜다폴리의 성인과 대화한 지 이제 5분밖에 안 되었는데 조금만 더 대화할 수 있게 해 주렴." 두 사람은 실제 48시간이 지났음에도 그것을 전혀 느끼지 못했던 것이다.

요아사프 수도사는 실리브리아 근처 도시인 동 트라키의 마디토 출신으로서 오늘날 거의 방치되어 있다시피 한 요한 크리소스톰 성인의 칼리비에서 수행을 하였다. 이미 세상을 떠난 디오니시아티스 가브리엘 사부는 그를 "아주 단순하면서도 뛰어난 수도사"라고 평가했다. 성인은 요아사프 수도사의 거처에서 2, 3일간 머물렀고 그 때부터 서로 자주 서신 왕래를 하였다. 겸손한 요아사프 수도사가 성인에게 보낸 편지는 우리의 심금을 울리기에 충분하다. 1905년 6월 1일 편지내용은 이러했다.

"나의 거룩한 주교님, 당신의 거룩한 손을 펼쳐 저를 축복해 주소서. 당신의 거룩한 주교직의 입술로 나를 위로하소서. 당신의 축복을 통해 저는 회개의 시작에 이를 수 있을 것입니다."

1913년 9월 4일자 편지는 이러하다.

"당신은 제가 육신을 잊도록 만들며 저로 하여금 당신의 지고한 덕과 성스런 열정을 경탄하게 만듭니다. 당신의 성스런 열정은 모든 선과 성스러움, 그리고 당신의 모든 거룩한 은총을 담고 있을 뿐만 아니라 상처받은 나의 영혼, 합당치 못한 나를 형제로 여기고 서신 왕래를 하게 해 주시는 당신의 마음까지도 담았습니다(…) 오! 나의 주교님이여, 축복 받으신 이여."

성인의 회신이 다소 늦어지자, 요아사프 수도사는 성인에게 주교와 - 특히 펜다폴리의 넥타리오스 성인같은 분과 - 자기와 같은 단순한 수도사와의 차이를 잘 인식하고 있다는 편지를 띄운다. 이 편지에 성인은 회신을 보냈는데 테오클리토스 디오니시아티스 사제는 "주교직책을 맡고 있는 한 주교의 가치와, 덕이 높은 한 수도사 사이를 경이롭게 분석한 비교"라고 그 편지를 평했다. 그 중요성에 비추어 편지의 일부 내용을 발췌해 보려 한다.

그리스도 안에서의 형제 요아사프, 그대의 겸손은 나와 주교직의 차이를 극명하게 구분시켜 주었네. 주교직은 말 그대로 위대한 거라네. 하지만 그 직 자체가 그렇다네. 주교직은 그 직을 맡은 사람을 분명 영예롭게 해 주지만 그 직을 맡았다 해서 주님 안의 형제에 대한 관계가 변질되진 않는다네. 그 관계는 언제나 같으며 차별이 없다네. 아울러 주교직은 겸손의 본보기라네. 따라서 제일 첫 번째 자세는 겸손의 모습이겠지. 만약 겸손의 모습이 첫 번째라면 그는 모든 사람 가운데 가장 못난 사람이겠지. 만약 자기가 가장 못난 사람이라고 인정한다면 우월함이 어디 있겠는가? 직책은 그 직을 맡은 사람을 높여주지만 주님의 형제들을 구분하는 잣대가 아니라네. 주님의 형제들 간에는 직책이 아닌 그리스도의 모습으로 구분이 된다네. 왜냐하면 성령의 은총에 의한 그리스도의 모습에 따라 그들의 영광과 영예가 서로 달라지기 때문이라네. 오직 이 영예만이 은총을 입은 이들 사이에 차이와 구분을 만들 수 있지. 수덕이 높은 이는 그렇지 못한 사람에 우선하며 덕이 없는 사람은 덕을 단장하며 살아가는 사람에게 많이 뒤쳐진다네. 태만하고 게으른 이는 주교가 된다 할지라도 근면, 성실과 거리가 멀며 가장 보잘것없고 겸손한 수도사만도 못할 것일세.

따라서 직책은 그 직책을 소유한 이를 높여주지 못하네. 덕이야말로 그를 높여줄 수 있는 능력으로서 완전한 영광을 약속해 준다네. 사랑하는 요아사프 형제, 그러니 직책에서 나오는 우월함이 어디 있으며 차별이 어디 있겠는가? 만약 그대가 직책에 대해 그런 생각을 갖지 않았다면 그대는 그렇게 연관을 짓지 않았을 것일세. 그리고 오랜 갈등과 근심, 그리고 고민이 왜 생기겠는가? 만약 그대가 어떤 차이를 발견한다면 그것은 직책이 아닌 덕에 의한 것임을 알길 바라네. 사랑하는 형제여, 우리는 우리의 부족함과 헐벗음을 알고 있기에 겸손하게 수덕의 삶을 살아가는 수도사와 우리를 비교하는 그런 우를 범하지 못한다네. 오히려 우리는 하느님께 자신을 봉헌하여 그분 안에서 살아가는 모든 이를 복되다고 칭송한다네. 사실 그런 삶보다 더 가치 있고 더 빛나는 것이 어디 있겠는가? 그러한 삶은 하느님의 모습을 잘 가꿔 원형의 미를 새겨주고 그 삶을 살아가는 이

콤보스키니(기도 매듭)

들을 복되고 겸손하게 그리고 아름답게 꾸며 준다네. 사랑하는 형제여, 이제 나의 신념이 무엇인지 알겠는가? 나는 수도사를 고위 성직자보다 더 높게 여긴다네. 나의 이 진실한 고백을 알아주기 바라네.

펜다폴리의 넥타리오스

성 안나 수도원을 순례한 후 성인은 네아 스키티와 성 바울로 수도원 그리고 성 디오니시오스 수도원을 향했다. 성인은 "분열의 원인에 대하여"라는 그의 저서에 적고 있는 것처럼 디오니시오스 수도원에서 포티오스 총대주교에게 보낸 교황 요한 8세의 편지 사본 하나를 필사했다.

성인은 이웃에 있는 성 그레고리오스 수도원도 방문했다. 그의 방문을 후에 원장이 된 젊은 수도사제 아타나시오스(1874-1953)는 이렇게 기억했다. "넥타리오스 성인께서 우리 수도원을 찾아주셨다. 훌륭한 분, 정말 좋은 분이셨다. 나는 그분께 콤보스키니(기도 매듭) 하나를 선물했다."

시모노페트라 수도원에서 운영하던 양로원에의 방문도 기억이 생생하다. 펜다폴리 주교는 덕이 높은 노 수도사가 요양하고 있던 양로원을 방문해 그 수도사와 인사를 나눴다. 그리곤 성인을 수행하고 있던 네오휘토 원장(1865-1905)에게 이렇게 말했다. "원장님, 여기 계신 분들이야 말고 진정한 보물, 아주 큰 보물입니다. 그들을 잘 돌봐 주십시오. 많은 것이 필요하지는 않습니다. 약간의 관심과 사랑 그리고 보살핌이 필요할 뿐입니다." 침대에 누워있던 노 수도사는 성인과 인사를 나눌 때 성인의 입에서 아름다운 향기가 풍겨 나왔다고 나중에 이야기를 전했다.

성인과 시모노페트라 수도원의 이에로니모스 수도사(1871-1957)와의 영적 교류는 각별했다. 당시 젊은 수도사였던 이에로니모스는 성인에게 깊은 감명을 받았다. 그는 시간이 허락될 때마다 아테네에 가서 그리스도 승천 성당의 분원을 방문했고 성인의 축복을 받기 위해 에기나까지 가곤 했다. 새로운 수도원장으로 선출된 이에로니모스 수도사는(1920년 4월) 아테네에 왔다가 1920년 5월 17일, 18일에 에기나로 갔다. 그날은 에기나 수도원 축일의 전날인 오순절이었다. 당시 넥타리오스 성인은 몸이 아파 예배를 집전하지 못했다. 하지만 성인은 수녀들에게 이렇게 일렀다. "신부님께서 오시니까 종을 치게." 종이 울리는 시간에 이에로니모스 원장이 수도원에 들어왔다. 철야예배가 끝난 후 성인은 아토스의 수도사인 원장에게 수녀들의 켈리들을 축복해 달라고 요청했다. 하지만 원장은 성인의 부탁을 거절하고 수도원을 떠났다. 나중에 원장은 부탁을 거절한 이유를 이렇게 고백했다. "성인 앞에서 내가 감히 무엇이라고…"

몇 개월 후 펜다폴리의 넥타리오스 주교가 아레태이오 병원에 입원하자 이에로니모스 원장이 그를 방문했다. 원장은 성찬예배에서 그를 기억하고 그의 몫으로 준비한 안디도로를 성인에게 주었다. 그 때 성인은 자신의 감춰진 소망을 그에게 고백했다. "만

메기스티 라브라 수도원

약 하느님께서 나에게 건강을 주시면 아토스 성산에 다시 갈 것입니다." 성인이 영면하자, 이에로니모스 원장은 성인의 사진을 자신이 있는 켈리의 이콘들 사이에 두었다. 그 때는 교회가 성인을 정식으로 시성하기 한참 전이었다. 이에로니모스 원장은 원장직에서 사임한 후 영적 사제와 집사로서 아테네의 어느 분원으로 갔다. 그리고 후에 갈립노스의 성인인 된 사바 수도사제가 에기나 수도원의 담임 사제와 영적 사제(1919-1926)를 그만두게 되자 1933년부터 수녀들의 영적 지도를 맡았다. 그가 잠들기 3일전인 1957년 1월 3일, 중병을 앓고 피레아의 한 병원에 입원해 있던 그는 의사의 만류와 기상악화에도 불구하고 에기나로 갔다. 이에로니모스 원장은 자신이 "아버지"라고 불렀던 넥타리오스 성인의 유해 앞에서 무릎을 꿇고 눈물을 흘리며 예를 표했다. 그리곤 성인의 생전의 뜻에 따르기 위해 비로소 수녀들의 켈리들을 축복해 주었다.

주 변모 축일 전날 넥타리오스 성인은 메기스티 라브라에 있었다. 그 수도원은 성인이 된 아타나시오스 수도사가 아토스 성산에서 처음 세운(963년) 수도원이었다. 그 수도원에서 성인이 받은 환대는 방명록에 나와 있는 것처럼 뜨거웠고 감동적이었다.

> 능력의 주님, 당신의 사랑스런 처소를 갈망하며 나의 영혼이 주님의 품에 안기기를 소망합니다. 거룩하고 경외하는 이곳 메기스티 라브라 수도원이 바로 주님의 참된 처소입니다. 이곳은 나에게도 너무나 사랑스럽고 그리운 곳입니다. 제게 호의를 베풀어 주신 수도원의 운영위원회와 따뜻한 형제애와 기쁜 마음으로 각별히 보살펴주신 수도원 형제들께 진심으로 감사의 마음 전합니다. 경배 받으시는 하느님께서 당신의 넘치는 자비와 은총을 이 거룩한 형제회에 내려주시길 진심으로 기원합니다.
>
> 1898년 8월 7일
> 펜다폴리의 넥타리오스

1898년 8월 15일 성인은 유서 깊은 이비론 수도원에 있었다. 성인은 명성이 자자한 성모님의 기적 이콘 "포르타이티사" 이콘을 찾아 예를 표했다. 성인은 수도원에서 축일 성찬예배를 집전했을 것으로 보인다. 성인은 8월 16일 방명록에 이렇게 적었다.

이비론 수도원

순결과 금식의 날개는 하늘로 높이 날아오르게 하며 완성에 이르게 해 준다. 하지만 순결과 금식은 그 자체가 좋은 것, 나쁜 것이라 할 수는 없다. 그것은 크리소스톰 성인의 가르침대로 자발적인 마음에 기인한다. 따라서 자발적이고 선한 마음으로 순결과 금식을 지켜나간다면 우리는 영적으로 높이 올라 그리스도인으로서 완성에 이를 것이다. 그리스도인의 완성은 자발적인 마음 자세에 달려있다.

1898년 8월 16일 거룩하고 경외하는 이비론 수도원에서
펜다폴리의 넥타리오스

넥타리오스 성인은 계속해서 밀로포타모(카리에에서 걸어서 약 두 시간 거리)를 방문했다. 그곳에는 14년간 세계 총대주교직을 수

행했던 요아킴 3세가 작년 가을부터 수도생활을 하고 있었다. 성인이 그곳을 찾은 이유는 대개의 사람들이 훌륭하신 총대주교를 만나기 위해 찾아가는 것과 같았다. 그 당시 1910년부터 아토스 성산에서 수도생활을 해 왔던 디오니시아티스 가브리엘 수도원장(†1983)은 당시의 그 사건에 대해 이렇게 기록했다.

"성스럽게 불리는 이곳(아토스 성산)은 하느님의 축복이 아닐 수 없다. 총대주교님이 이곳에 오신 후 하느님을 사랑하는 수많은 정교인들의 영혼이 이곳을 찾았다. 그들은 위대한 수도사 곁에서 수덕을 쌓기 위해 앞 다투어 그곳을 찾았다. 우리들 중 그분의 축복을 받지 않은 사람이 없었으며 하나같이 성스런 이향(離鄕) 생활에 필요한 영적 양식을 구하기 위해 밀로포타모를 거쳐 갔다. 그분은 많은 경우 그곳을 방문한 이들을 일일이 받아들이지 못했다. 그럴 때마다 그분은 난간에 서서 무슨 일로 왔느냐고 그들에게 묻곤 했다. 그들의 수도생활이 영성의 향기를 뿜을 수 있게 축복해 달라는 요청에 그분은 일일이 환대하지 못하는 이유를 친절하게 설명한 후 손을 펼쳐 십자가 형태로 축복하며 평화롭게 그곳을 떠나도록 해 주었다(…) 아토스 성산의 수도사들 특히 운둔 수도사들과 고행자들은 그분을 허물없이 대했다. 그래서 영적, 물질적 문제가 있을 때마다 그분께 달려갔다. 그러면 총대주교님은 그분의 풍성한 영성으로 그들의 영적 갈증을 말끔히 해소시켜 주었고 몇 푼 안 되는 그분의 지갑에서 도움을 베풀곤 하였다(…) 등불이 등경 위에 올려질 시간이 되자, 총대주교청은 그분을 다시 총대주교직에 임명했다. 아토스 성산은 슬픔과 기쁨이 교차했다. 그리고 그들의 따뜻한 아버지, 총대주교님을 배웅하고 마지막 축복을 받기 위해 아토스 성산의 곳곳에 있는 수도원과 스키티, 켈리에서 많은 수도사들이 카리에로 모여들었다. 총대주교님은 그들에 대한 당신의 마음을 그곳에 남긴 채 자식과도 같은 형제들의 영혼과 헤어졌다. 총대주교님은 후에 콘스탄티노플에서 아토스 수도사들을 영접할 때마다 말 그대로 그들의 목을 끌어안고 서로 입을 맞추며 인사를 나누었다."

펜다폴리의 넥타리오스 대주교는 영적으로 많은 유익을 얻고 기쁜 마음으로 아토스 성산을 떠났다. 그곳에서 성인이 지켜본 아토스 수도사들의 수도생활은 성인이 에기나의 수도원을 조직하는 데 큰 도움이 되었다. 선한 마음으로 아토스 성산을 방문했던 성인은 그곳에서 필요했던 모든 것을 둘러보고 귀향했다.

16. 에기나에 수도원 설립

　1904년 여름이었다. 당시 리자리오 신학교 책임자로 있었던 넥타리오스 성인 주변으로 모여든 몇몇 경건한 처녀들이 수도사의 삶을 살기로 하고 자신들이 생활할 수 있는 적당한 수도원을 물색하고 있었다.
　수녀 지망생들은 에기나의 구청장 니콜라오 페파를 찾아갔다. 구청장은 그녀들에게 협조하기로 약속했다. 구청장은 넥타리오스 성인에게서 혹시 있을 반대를 해소하기 위해 아테네로 찾아와 관련된 소식을 전했다. 그리고 그곳을 방문해서 성인의 의견을 말씀해 달라고 요청했다. 9월 10일 성인은 먼저 에비아에서부터 오랜 친분을 맺었던 에기나의 흐리소레온디사 수도원의 원장, 테오도시오 파파콘스탄디노스로부터 조언을 구했다. 그리고 세 명의 수녀 지망생들과 함께 사로니쿠의 섬 에기나로 향했다. 그런데 성인의 이 여행은 초자연적인 기적과 연관되게 된다.
　배가 수평선에 보일 때였다. 스피로스 알리판디스라는 15살 소년이 선착장의 스피로스 로디씨의 약국 앞 땅바닥에서 뒹굴며 소

에기나 항구의 선착장

리치기 시작했다.

"대주교님이 오신다, 오셔… 어서 그분을 만나러 가세요. 이 섬을 구원할 성인이 오신다."

과거에 해면을 따던 선장 로코씨는 그를 멈추게 하려 했지만 허사였다.

"대주교님이 오시니 어서 달려가세요…" 스피로스는 바닥에 누워서 눈을 감은 채 계속 큰소리로 외쳤다.

사람들은 무슨 일인가 하고 아이 주변으로 몰려들기 시작했다. 할 일 없는 선원들과 고깃배 어부들 그리고 저 윗동네에 사는 아낙네들까지 그 아이 주변으로 모여들어 그 광경을 지켜보았다. 어떤 사람들은 조용히 그 아이의 외침을 듣고 있었고 또 다른 사람들은 그 아이를 보며 크게 웃고 있었다.

그 시간 교구청의 성 파나기아 대 성당에서 봉직하고 있는 미하엘 신부가 성당 앞을 지나가고 있었다. 사람들은 신부를 보자 지금 일어나고 있는 사건을 설명하기 시작했다.

"신부님, 스피로스가 이번에는 어떤 주교님에 대해 예언하고 있는데요. 섬을 구원할 주교님이라고 하네요."

신부는 발걸음을 재촉했다. 그리곤 무슨 일이 벌어졌나 하고 아이를 둘러싸고 있는 군중을 헤치며 아이에게 다가갔다.

사람들이 말한 대로 미래를 예언하던 소년은 약국 앞 땅바닥에 누워 계속 소리치고 있었다.

"리자리오에서… 주교가 오신다. 하느님께서 이곳을 불쌍히 여기셔서 펜다폴리의 대주교가 오신다…"

미하엘 신부는 창백한 얼굴로 거품을 물고 바닥에서 뒹굴고 있는 소년을 지켜보았다. 그리고 어떻게 해야 할지 몰라 당황했다. 이런 소란은 두 시간 아니 그보다 좀 더 지속되었다.

신부는 고개를 돌려 급히 선착장으로 내려갔다. 때 맞춰 피레아를 출발한 배가 들어섰다.

신부는 배 가까이로 다가섰다. 그리고 배에서 내려오는 사람들을 지켜보았다. 마침내 피레아에서 설교했던 리자리오 신학교의 책임자 앞으로 갔다. 신부는 예의를 갖춰 그의 손에 입을 맞추며 인사했다.

"대주교님, 에기나에 오신 것을 환영합니다. 이곳에는 처음이 신지요?"

성인은 호의적이고 소박한 미소로 그를 쳐다보며 작은 소리로 응답했다.

"네. 처음입니다."

"아무튼 잘 오셨습니다. 저의 집으로 가십시오… 제가 바로 연락해 놓겠습니다."

"호의는 감사합니다만 괜찮습니다. 저는 파네로메니(성모님) 분원에 머물 예정입니다. 그래서 저는 옛 도시인 크산토로 갈 것입니다."

"알겠습니다, 대주교님. 그런데 대주교님…"

"제게 할 말이 있으신지요?"

"죄송합니다만… 여기서 조금 떨어진 곳에서 놀란 만한 사건이 있었습니다."

"어떤 사건인가요?"

"가난한 집안의 한 소년이 시장에서 자주 바닥에 쓰러지곤 한답니다. 그리곤 눈을 감은 채 미래를 예언하지요. 지금도 그런 상태에 놓여있습니다. 그런데 그 소년이 주교님께서 이곳을 구원할 거라고 소리치고 있습니다."

"그 소년이 지금 어디에 있지요?"

"이쪽입니다, 대주교님…"

둘은 발걸음을 재촉해서 사람들이 모여 있는 곳으로 갔다. 그리고 길을 열고 약국 앞에 누워있는 스피로스 앞에 섰다. 소년은 여전히 예언을 하고 있었다.

"대주교가 오신다. 이곳을 구하러 오신다. 교회도 세우고 가장 큰 수도원도 세우신다."

성인의 얼굴은 하늘을 향했다. 그리고 입술로 뭔가를 중얼거렸다.

주변 사람들은 잡담과 대화를 멈췄다. 순간 침묵이 흘렀다.

성인은 대주교의 상징인 주교 지팡이를 높이 들고 청년의 입에 갖다 대면서 이렇게 말했다.

"악하고 더러운 점 귀신의 영이여, 십자가에 못 박히신 그리스도의 이름으로 명하노니 그 소년에게서 당장 나가거라!"

그 즉시 스피로스는 깊은 한숨을 내쉬더니 자리에서 일어났다. 그리고 눈을 뜨고는 무의식적으로 고개를 숙여 지팡이를 잡고 있던 성인의 손에 입을 맞췄다.

"이름이 뭐니?" 성인이 소년에게 물었다.

"스피로스입니다."

"몇 살이지?"

"아마도… 15살일 겁니다."

"학교에 다니니?"

"다녔지만 이 병 때문에… 그만두었습니다."

"알았다. 애야, 오늘부터 너는 이 병 때문에 힘들지 않을 거다. 그러니 좀 더 글을 배우도록 해라. 나중에 너에게 도움이 될 거야. 알았지?"

"알겠습니다."

성인은 손을 들어 그를 축복해 주며 말했다.

"하느님의 평화가 너의 길을 인도해 주시길…"

점 귀신의 영으로부터 치유된 스피로스는 나중에 어른이 되어 우체국 직원으로 근무했으며 한 가정의 가장이 되었다(유사한 기적, 사도행전 16:16 참조).

에기나는 이 사건이 있은 후 아주 시끄러웠다. 아테네서 온 어떤 주교가 기도로 스피로스를 치료했다는 소문이 입에서 입으로 퍼져나갔다. 스피로스는 작년 이맘때에는 오랜 기간 가뭄이 지속되어 나무는 물론이고 농작물도 말라 죽을 것이며 우물도 완전히 말라 버릴 것이라고 절망적인 예언을 했었다.

한편, 파네로메니(성모님) 분원에서 하룻밤을 지낸 성인은 다음날 흐리소레온디사 수도원장과 페파 구청장과 함께 "크산도" 지역에 있는 거의 허물어져 가는 수도원을 보러 출발했다. 성인이 수도원을 향할 때 길목에는 수많은 사람들이 성인을 지켜보며 수군거렸다.

"아, 저기 오신다. 저분이야. 그런데 전혀 대주교님 같지 않지."

"그러게 말이야. 그냥 수도사처럼 보이는데."

"저 주교 지팡이 안보여? 저 지팡이가 바로 스피로스를 치료한 지팡이야."

그런데 마침 6년째 하혈을 하던 리나라는 여인이 성인이 지나가던 길목 근처에 살고 있었다. 그녀는 병색이 깊어 뼈만 남은 상태였다. 사람들은 그녀를 치료할 엄두도 내지 못하고 있었다. 그런데 성인을 실은 노새가 그녀의 집 앞 좁은 골목길을 지나 언덕으로 오르고 있을 때 그녀가 성인 앞으로 뛰어나와 성인을 붙들었다. 그리고 성인의 라소(성직자가 입는 검은색의 긴 옷)에 입을 맞추었다.

"나의 주교님, 거룩한 사부시여!…" 그녀는 소리쳤다.

성인은 부드러운 얼굴로 그녀를 쳐다보고는 그녀를 축복해 주었다.

그 순간 어떤 기운이 그녀에게 느껴졌다. 하혈이 멈춘 것이다.

"하느님, 찬양 받으소서, 하느님 찬양 받으소서!" 그녀는 소리치기 시작했다.

사람들은 그녀가 왜 소리치는지 몰라 혼란스러웠다.

노새는 수도원이 있는 크산도를 향해 계속해서 앞으로 나갔다. 터키에 대항해서 일어난 그리스인의 봉기(1821년)로 인해 수도원은 사실상 폐허가 되어 있었다. 1899년 당시 남아 있던 잔존물은 외벽과 조오도호스 피기(성모님)의 소 성당 그리고 거의 무너져 가는 두 개의 켈리밖에 없었다. 교회에서 서쪽으로 몇 미터 떨어진 곳에는 9세기에 살았던 에기나 사람 아타나시아 성녀의 수도처가 있었다(오늘날에도 현존하고 있음). 넥타리오스 성인은 구청장의 확실한 약속을 듣고 그곳을 수도원 장소로 승인하였다. 단, 아테네 대주교의 최종 승인을 전제로 하였다. 아비멜렉 수도사는 성인의 이 결정에 어떤 초자연적인 계기가 있었음을 이렇게 밝혔다.

"성인은 꿈속에서 옛 수도원의 원장이었던 아타나시아 성녀와 두 명의 수녀들을 보았다. 두 수녀는 예리아와 에브도키아였는데 그녀들이 직접 성인에게 밝힌 이름이었다."

에기나에 잠시 머물러 있는 동안 넥타리오스 성인은 지역 주민 대표인 판델리 페르코풀로부터 3년 반 동안 가뭄이 지속돼 절망적인 상황이라는 소식을 듣는다.

"대주교님…" 사람들이 그에게 말했다.

"네. 말씀하세요. 무슨 일이 있나요?"

"대주교님을 귀찮게 해 드려서 죄송합니다만 여기 지역 주민들이 대주교님께 요청이 있답니다."

성인은 아버지 같은 마음으로 그들의 면면을 부드럽게 쳐다봤다.

"대주교님께 하느님의 능력이 있는 것을 저희가 지켜보았습니다. 그래서…" 누군가가 말을 꺼냈다.

"미안하지만" 성인은 말을 끊으며 이렇게 말했다. "구세주 그리스도의 은혜를 느끼고 이웃을 돕고자 하는 모든 그리스도인에게 그런 능력이 있다고 생각합니다."

"네… 동의합니다. 그런데 대주교님, 부탁이 하나 있습니다. 이곳은 지금 3년 반 동안 비가 오지 않아 심한 가뭄에 시달리고 있습니다. 섬 전체가 물이 없어 황폐해져 가고 있습니다. 해를 거듭할수록 우리의 절망은 깊어지고만 있습니다. 대주교님, 죄송합니다만… 하느님께서 우리를 불쌍히 여기시도록 간구해 주십시오. 어제 당신께서 행하신 기적은 이미 들어 알고 있습니다…"

"제가 기적을 행했다고요? 잘못 알고 있군요. 저는 기적을 행한 것이 하나도 없답니다. 만약 소년의 얘기라면, 성서를 조금만 살펴보십시오. 그러면 금방 알 수 있을 것입니다. 여러분, 성직자는 언제나 주님의 충실한 종이 되어야 합니다… 그분의 뜻을 말 그대로 실천해야 하지요. 아무튼 하느님께서 허락하신다면 다음 주에 다시 오겠습니다. 다음 주에 와서 여러분과 함께 이곳 가까이에 있는 교구청 대 성당에서 함께 기도를 올리도록 하겠습니다. 선하신 하느님께서 여러분의 섬에 비를 내려주시길 진심으로 기원합니다."

"감사합니다… 정말 감사합니다. 대주교님. 만수무강 하시고 매순간 언제나 하느님의 축복이 함께하시길 기원합니다. 그럼, 무사한 여행이 되시기를 빕니다."

넥타리오스 성인은 약속을 지켰다. 선하신 하느님께서 건강을 허락하신 것이다. 성인은 가볍고 기쁜 마음으로 에기나로 여행을 떠났다.

에기나 섬이 성인의 마음에 와 닿기 시작했다. 머릿속에서 떠나지 않고 제 2의 고향처럼 느껴지지 시작했다. 에기나 섬의 교구청 대 성당인 "성모 안식 성당"에서 남녀노소 할 것 없이 모든 주민이 신심을 다해 드렸던 성찬예배가 머릿속에서 잊혀지지 않은 채 각인되어 있었다. 성인은 성찬예배 폐식기도 후 모든 교인들에게 무릎을 꿇으라고 하였다. 그리고 비를 내려 달라고 기도를 드렸다. 그곳에 있던 교인들은 모두 한 마음 한 목소리로 성당과 지역 전체가 흔들릴 정도로 "주여, 불쌍히 여기소서"를 간절히 외쳤다.

정오쯤 성인은 노새를 타고 옛 마을인 크산도를 다시 방문했다. 다행히 제 시간에 돌아와 배를 탈 수 있었다. 왜냐하면 오후 4시경 하늘이 먹구름에 뒤덮였기 때문이었다.

비가 오기 시작했다. 엄청난 비가 쏟아지기 시작했다.

"피레아로 돌아가는 배의 객실에 있던 성인의 입술은 몇 번이고 '하느님 찬양 받으소서'라고 속삭이고 있었다."

폭풍 전야의 바다는 언제나 고요하고 잠잠하다. 성인은 그렇게 내리는 세찬 비를 보면서 가슴속 깊은 곳에서 우러나오는 영광을 "살아계신 성 삼위 하느님께" 드렸다. 성인도 생전에 이런 세찬 비는 처음인 것 같았다. 하늘에 구멍이 뚫렸다는 표현처럼 엄청난 양의 비가 하늘에서 쏟아지고 있었다. "주여, 당신은 위대하시며 당신의 업적은 참으로 놀랍습니다. 당신의 업적을 찬양하기에는 그 어떤 말로도 부족합니다." "엘리야는 우리와 같은 인간이었지만 비가 오지 않게 간절히 기도하자 삼 년 육 개월 동안이나 땅에 비가 내리지 않았습니다. 그가 다시 기도하자 하늘은 비를 내렸고 땅에서는 곡식이 열매를 맺게 되었습니다."(야고보 5:17-18)

10월의 두 번째 열흘 사이 넥타리오스 성인은 테오클리토스 교구장을 만날 수 있었다. 성인은 그의 동의를 얻어 영적 자녀들이 에기나 섬에 정착하는 것을 허락하였다.

그곳에서 처음 수도생활을 시작한 수녀들은 부족한 것이 너무도 많았다. 그녀들의 경제적인 능력은 사실상 전무했다. 수입이 있다면 앙겔리키 주른두가 가져온 양말 짜는 기계와 약간의 손작

업을 통해 얻는 수입이 전부였다. 넥타리오스 성인은 그녀들이 처한 이 어려운 상황 속에서 최소한의 생계라도 유지할 수 있도록 최선을 다해 경제적 지원을 하였다.

성인은 "거룩한 파르테논"이라고 손수 이름 지은 수도원을 공동체로 조직했다. 그리고 1904년 12월, 성인은 수녀들에게 이렇게 조언했다.

"너희에겐 수도생활과 여성의 나약함을 둘 다 잘 알고 있는 경험자가 필요하단다. 그래서 한두 명의 덕이 높은 수녀들과 서로 서신 왕래를 하였으면 좋겠구나. 그렇게 하느님께서 너희를 제대로 인도해 주고 다스릴 사람을 보내줄 때까지는 서신을 통해 영적 인도를 받았으면 한다." 마침내 성인은 비록 눈은 멀었지만 "지혜와 덕을 겸비한" 크세니 수녀를 그녀들의 영적 책임자로 선택한다. 성인은 또 1908년 카투나키오티 다니엘 사부에게 "동정녀들(수녀)에게 영적 지혜와 영적 기쁨, 그리고 영적 도움이 되는 가르침"을 써 보내줄 것을 요청한다. 성인이 직접 수도원을 방문하거나 서신 왕래를 통해 수녀들에게 영적 조언을 해 주는 것 외에도 성인은 주님의 거룩한 나무 십자가와 성인들의 유해, 예배서와 영적 도움이 되는 서적 등을 수도원에 공급해서 그들을 영적으로 이끌어 주었다. 아울러 성인은 두 명의 수녀가 팔리아호라에 방치되어 있는 키리아키 성녀 수도원(분원)에서 지내기를 희망하자 그들의 영적 유익을 위해 그곳에 사는 것을 허락하였다. 수녀들의 예배는 그 지역 성당의 사제나 솔레온디사의 남자 수도원에서 파송된 수도사제가 맡았다.

리자리오 신학교의 책임자로 있던 성인은 당시에 교통수단이 매우 안 좋았던 관계로 흔히 부활주간이나 토마주일을 껴서 에기나 섬을 방문했다. 여름에도 그곳을 방문했던 성인은 수도원 밖에 이웃한 작은 집에 머물렀다. 성인은 섬을 방문할 때마다 수녀들에게 영적 교육을 잊지 않았다. 그곳 수도원에 오랜 기간 머무르는 동안 성인은 자신의 직무 외에도 수도원의

시각 장애인인 수녀원장 크세니

공사를 감독하고 때로는 손수 일을 하며 공사를 도왔다. 에기나 섬사람들은 교회의 건축공사를 각별히 기억했다. 그런데 공사를 하던 중 심각한 문제가 생겼다. 인부들이 물을 길어 사용하던 교회 옆의 우물에 있는 물이 급격히 줄어든 것이다. 그래서 우물의 주인은 더 이상 그 우물을 사용하지 못하도록 막았다. 그러자 성인이 하느님께 간절히 기도를 올렸다. 그런데 갑자기 땅속에서 엄청 난 굉음이 들렸다. 우물물이 치솟은 것이다. 깜짝 놀란 주인(파블리네리스)은 그 우물을 수도원에 봉헌했다(이 기적에 대해서는 뒤에서 좀 더 자세히 볼 수 있다). 이와 유사한 기적이 오순절 중간에도 일어났다. 그날은 이미 잘 알고 있는 것처럼, 교회에서 "나의 영혼이 목이 타니 성스런 샘물을 뿌려 주소서"라는 아폴리티키

온 성가가 불리는 날이었다. 그날, 성인은 성찬예배 시간에 수도원의 남서쪽에 있는 이미 말라버린 우물을 파라고 누군가에게 지시했다. 성인의 말대로 하자 실제로 많은 물이 그곳에서 나왔다. 또 한번은 인부들이 건축에 쓰기 위해 석회석을 찾으러 이웃에 있는 팔리아호라에 간 적이 있었다. 인부였던 아기실라오스 하조풀로스는 그곳에서 큰 석회석을 발견하곤 그것을 옮기려고 하였다. 그런데 갑자기 옴짝달싹할 수가 없었다. 그리고 말문까지 막혀버렸다. 그의 동료들은 자신들이 아무 것도 할 수 없음을 알고 넥타리오스 성인에게 그 사실을 알렸다. 성인은 그곳에 가서 인부에게 기도를 해 주었고 인부는 다시 정상이 되었다. 성인이 그 돌을 유심히 살펴본 결과 축성식에 사용되는 돌 표식이 있었고 결국 폐허가 된 성 스테파노스 성당의 제단임이 밝혀졌다.

1907년 10월, 친분이 깊은 아테네 대주교 테오클리토스가 수도원을 방문했다. 그는 그곳을 보고 "흥분을 감추지 못했다." 섬 주민들에게 수도원은 어느새 크게 사랑받는 곳이 되었다. 수녀들이 그곳에 정착한 지 몇 개월 지나 성인이 그녀들에게 "내 마음은 하느님께서 너희의 수도원을 섬 주민들의 빛의 중심지로 삼을 것이며 너희를 비춰 참된 지식과 진리의 빛으로 무장시켜 주실 것이라고 소리친단다."라고 쓴 편지 내용대로 된 것이다.

17. 에기나에 정착하다

넥타리오스 성인은 언제나 몸이 병약했는데 1908년 초에 에기나의 수녀에게 보낸 성인의 편지는 그의 건강이 심각했음을 보여준다. 결국 성인은 62세가 되던 1908년 2월 7일, 그동안 봉직했던 리자리오 신학교를 사직하기로 결심한다. 성인은 그의 인품을 보여주는 아주 짧은 사유서를 학교 운영위원회에 제출했다.

신학교 학장 사직 무렵

리자리오 신학교 운영위원회 귀하,
    저는 몸이 쇠약하고 지속적으로 병에 시달려 신학교 책임자라는 중책을 맡기에 합당치 못함을 느낍니다. 그래서 슬픔을 머금고 학교의 학장 자리에서 물러나고자 합니다. 하느님께서 선한 일꾼인 여러분을 축복하고 계신 것처럼, 제가 그토록 사랑했던 학교, 하느님 품에서 영원히 기억될 학교 설립자들의 얼에 따라 세워진 이 학교가 하느님의 보호와 인도 속에 고귀한 설립 취지의 사명을 완수할 수 있기를 진심으로 기원합니다.

1908년 2월 7일 아테네
펜다폴리의 넥타리오스 학장

무거운 책무에서 자유로워진 넥타리오스 성인은 여생에 대한 중요한 결정을 내린다. 다시 말해 리자리오에서 물러나기 몇 달 전부터 어디서 수도생활을 하며 지낼 것인가에 대한 계획을 최종 정리한 것이다. 성인은 1907년 12월 21일에 에기나 수도원 크세니 원장에게 이런 편지를 보냈다.

"사실 나는 스코펠리의 세례자 요한 수도원을 갈망한다. 그런

에기나의 성 삼위 성당

데 내 마음 깊은 곳에서는 할 일이 있는 에기나에 가서 그 책무를 다하라고 말을 한다. 내가 하느님의 빛을 받아 그분의 뜻에 맞게 움직일 수 있도록 기도를 부탁하마."

마침내 성인은 에기나를 선택한다. 성인은 토마주일(1908년 4월 20일) 이후부터 같은 해 여름까지 에기나에 머물면서 새로 세워진 성 삼위 성당을 1908년 6월 2일 축성한다. 성인은 9월에 아테네로 돌아와 1908년 12월의 첫 보름간을 그곳에 머문다. 이 기간 동안 오간 성인과 수녀들 사이의 서신을 통해 성인이 아테네 교구에서 필요한 여러 가지 업무(주로 이단문제)와, 예배학 저술, 그리고 코스타 사코풀로의 직업문제 해결을 위해 그곳에 있었음을 확인할 수 있다. 아무튼 그 이후 성인이 수녀들에게 보낸 편지가 없는 점으로 보아, 성인은 1908년 크리스마스부터 초창기 몇 년 동안 극히 필요한 며칠을 제외하고는 줄곧 에기나에 머문 것으로 추측된다.

에기나의 수도원은 여자 수도원이었기 때문에 성인은 에기나에 상주하기 전에 수도원 밖에 단층짜리 조그만 거처를 건축했다. 1908년 가을, 마침내 거처가 완성되었다. 성인은 수도원 가까이에서 수녀들의 영적 교육과 수도원 건축을 좀 더 효율적으로 감독하고 관리할 수 있게 되었다.

성인이 잠든 후, 수도원을 건축하던 많은 인부들은 건축하는 과정에서 직접 눈으로 본 여러 가지 기적들을 전하였다. 1907년에 태어난 미쵸스 파블리네리스도 그들 중 한 명이었다. 수도원 옆에 살던 그는 성인을 "할아버지"라고 부르며 친할아버지처럼 따랐다. 이렇게 그는 성인이 잠들 때까지 13년간을 매일 성인을 보며 성장했다. 1987년 6월 28일 마놀리스 멜리노스 기자가 그와 인터뷰 한 기사를 살펴보자.

기자 : 미쵸 할아버지, 오랜 세월 성인을 지켜보셨는데 성인의 기적에 대해 좀 말씀해 주시겠어요?

할아버지 : 대주교님이 살아계셨을 때 우리 집에서 있었던 기적 두 가지만 말씀 드리겠습니다. 하나는 저기 보이는 우물과 관련된 것이고 또 다른 하나는 이 올리브 나무와 관련된 것이지요. 그럼, 우물에 대해 먼저 말씀드리지요.

당시 수도원을 짓고 있을 때였습니다. 이곳에 있는 우리 우물 말고는 저 위로는 물이 하나도 없었죠. 그래서 인부들은 물통을 가지고 와서 이곳 우물에서 물을 길어 수도원으로 가지고 올라갔었습니다. 인부들은 공사를 위해 물통에 물을 가득 담아 당나귀에 싣고 수도원으로 물을 계속 옮겨 갔죠. 저도 물을 실어 수녀님들에게 올려 보내곤 했습니다. 그런데 어느 순간 우물물이 떨어졌습니다. 바구니를 우물에 넣으면 바닥에 부딪치는 소리가 났죠. 이곳은 좋은 물이 나왔지만 풍부하지는 않았습니다. 갑자기 베틀을 짜고 있던 저의 크리시 할머니가 지팡이를 짚더니 수도원으로 대주교님을 찾아갔습니다.

"대주교님, 물이 다 떨어졌어요."

"크리시 할머니, 파나기아(성모님)께서 원하시면 우물에 물을 가득 채워주실 겁니다!"

90세인 1917년에 돌아가신 저의 할머니는 잔뜩 화가 나서 집으로 돌아왔습니다.

"앞뒤가 꽉 막힌 영감탱이 같으니라고, 내가 한 말은 귀담아 듣지도 않는구만!"

잠시 후 대주교님이 내려오셨죠. 할머니는 자신의 말을 들어주지 않았던 대주교님에게 화가 나서 베틀에서 꼼짝도 않고 그대로 있었습니다!

"앙겔리코 부인, 인부들을 좀 보러 갈까요?" 그분이 저의 어머니에게 말했습니다.

그 둘은 인부들에게 갔습니다. 그리고 무화과나무 밑에서 음식을 먹고 있는 인부들을 발견했습니다. 성인은 그들을 축복하며 이렇게 말했습니다.

"그럼, 수고하시게."

다른 말은 일체 없었습니다. "뭘 만드느냐, 잘 되냐"라는 말 한마디 하지 않았습니다. 성인은 집으로 돌아와서는 이곳 뽕나무 아래에서 물 한잔을 마셨습니다. 물 한 잔을 완전히 비우신 다음 바로 수도원으로 갔습니다. 어머니는 대주교님께서 말씀하신 "수고하시게"라는 말씀이 무슨 뜻인지 무척 궁금해 했습니다. 그래서 아까 인부들이 음식을 먹던 곳으로 다시 갔습니다. 인부들에게 갔을 때 그들은 울고 있었습니다. 어머니는 인부들에게서 성인이 다녀 간 뒤에 땅속에서 갑자기 굉음이 들렸다는 말을 들었습니다. 그 때 인부들은 모두 우물을 팠던 흙이 다시 우물을 덮

기적의 우물

친 것으로 생각했죠. 세 명의 인부들 중 한 명인 미쵸스 무르지스가 그곳으로 급히 달려갔습니다. 그런데 이게 웬일입니까! 물이 우물 위로 솟아올라 우물 입구에서 약 2, 3미터까지 물이 가득 찬 것입니다! 미쵸스는 윈치를 이용해 물 바구니를 우물 속 깊은 곳까지 내려 보았습니다. 1미터, 2미터를 지나 계속 밑으로 내려갔습니다. 그리고 마침내 물 바구니가 바닥에 닿았는데 무려 20미터였습니다. 그는 순간 감격했습니다. 그리고 눈물을 흘리기 시작했습니다. 다른 사람들도 그곳으로 달려왔습니다. 그리고 그들도 울기 시작했죠. 그들은 이 모든 일이 기적임을 알고는 대주교님이 정말 위대한 성인이라는 것을 깨달았죠! 성인은 우리에게 "수고하시게. 파나기아(성모님)께서 물을 가져다주실 거야."라는 단 두 문장만 말씀하시고 그 자리를 뜨신 것 밖에 없었답니다.

기자 : 미쵸 할아버지, 또 다른 기적이 있다고 말씀하셨는데 어떤 기적인가요?

할아버지 : 네. 그 기적은 올리브 나무와 관련된 것입니다. 제가 지팡이로 가리키고 있는 바로 저 나무입니다. 저 나무는 예전에 빨간 해충이 잎사귀를 파먹는 병에 걸렸었죠.

기자 : 올리브 나무에 흔히 생기는 다코스 병 아닌가요?

할아버지 : 아닙니다. 다코스 병은 열매를 손상시키죠. 그런데 이 병은 잎사귀를 손상시키는 그런 병이었습니다. 어느 날 오후 대주교님이 저희 집을 방문하신 적이 있었습니다. 저의 할머니는 대주교님을 보고 이렇게 말씀하셨어요.

기적의 올리브 나무

"대주교님, 올리브 나무 좀 축복해 주세요. 해충들이 나뭇잎을 다 먹어 죽게 생겼어요."

대주교님은 후에 넥타리아 수녀가 된, 수도원에서 보살피고 있던 어린 아프로디티 리라에게 십자가를 가져오게 했습니다. 저는 성인께서 수녀들에게 아프로디티가 바느질하는 법을 배울 수 있도록 실과 바늘을 주라고 자주 말씀하셨던 거로 기억합니다. 그리고 십자가로 나무를 축복했지요. 그 순간 해충들이 구름처럼 일어나 멀리 날아가 버리는 것이었습니다! 그 이후로 나무는 우리에게 아주 좋은 올리브 열매를 선물한답니다.

아, 지금 생각난 기적이 하나 더 있습니다. 언젠가 몇 명의 어부들이 대주교님을 찾아와 큰 물고기가 그들이 쳐 놓은 어망을 못 쓰게 만든다고 불평을 털어놓은 적이 있습니다. 가난한 어부들에게는 엄청난 피해였죠. 그들은 큰 바구니에 둥글게 만 어망을 성인에게 가져왔습니다. 성인은 그것을 축복해 주었죠. 어부들은 밤에 바다에 나가 그물을 바다에 던졌습니다. 그리곤 그물이 찢어질 만큼 많은 고기를 잡았습니다! 아침이 되자 어부들은 어젯밤 잡은 물고기 중 좋은 것을 선별해서 성인에게 갖다 드렸습니다. 여기서 기자 양반에게 밝히고 싶은 것은 대주교님이 고기나 생선 튀김은 드시지 않고 삶은 생선만 드셨다는 점입니다.

약 12년 동안 물도 없는 척박한 땅에서 넥타리오스 성인은 손수 건축일을 도우며 힘들게 수도원을 세웠다. 그리고 올바른 행정과 영성을 가진 수도원을 조직하기 위해 최선을 다했다.

성인은 수도원 건축뿐만 아니라 나무와 꽃도 무척 사랑했기 때문에 정원을 가꾸는 일도 소홀히 하지 않았다.

1910년 8월, 후에 파로의 롱고바르다의 수도원장이 된 성인의 영적 자녀 필로테오스 제르바코스 보제가 수도원을 방문했다. 보제는 그 때의 일을 이렇게 기술했다.

나는 수도원 외벽 밖에서 짚 모자를 쓰고 낡은 수단을 허리춤에 맨 채 일을 하고 있는 노인 한 명을 보았다. 노인은 삽으로 땅에서 판 흙을 수레에 담아 저쪽 멀리 옮기고 있었다. 노인은 옷을 더럽히지 않으려고 수단을 입은 인부처럼 보였다. 그래서 나는 노인에게 다가가서 물었다.

"대주교님이 여기 계신지요?"

"여기 계신데, 무슨 일로 그분을 찾으시는지요?" 노인이 대답했다.

"제가 그분을 뵙고 싶다고 알려주십시오."

"알겠습니다. 바로 그분께 알려드리겠습니다. 손님방에서 기다리고 계십시오."

성인은 자기 방으로 갔다. 그리곤 복장을 단정히 한 후 다시 나타났다. 보제는 그를 알아보고는 깜짝 놀랐다. 자기 눈으로 보고도 믿을 수 없었다. 대주교님 같은 분이 이런 일을 하다니, 더욱이 그 연세와 그 더위에!

필로테오스 제르바코스 신부는 넥타리오스 성인에게 예지의 은사가 있었음을 또 다른 이야기를 통해 우리에게 전해 준다.

필로테오스 신부는 그의 영적 아버지인 넥타리오스 성인에게 고백성사를 하기 위해 에기나를 찾았다. 신부가 도착하기 전, 성인은 아침 일찍 자신을 돌보는 에피미아 수녀에게 이렇게 부탁했다.

"에피미아 수녀, 오늘 두 사람 식사를 준비해 주게. 영적 자녀가 찾아올 거야."

"알겠습니다, 대주교님." 수녀는 대주교님에게 대답했다.

아침 11시경 누군가가 수도원의 문을 두드렸다. 에피미아 수녀가 문을 열어 주었다.

"아, 대주교님이 기다리고 계시는 분이군요. 어서 안으로 드시지요. 대주교님께서 제게 미리 말씀해 놓으셨습니다."

나는 깜짝 놀랐다. 그리고 나는 성인에게 미리 연락을 하지 않았다고 수녀에게 이야기했다. 그러자 수녀는 이렇게 물었다.

"대주교님이 저에게 두 사람 식사를 준비시켰는데 어떻게 그분께 미리 연락을 취하지 않으셨다는 말씀이신지요?"

아무튼 수녀는 나를 성인의 방으로 인도했다. 그리고 나는 성인에게 인사를 올렸다.

"널 기다리고 있었단다." 성인이 나에게 말했다.

"그런데 대주교님, 제가 연락을 안 드렸는데 어떻게 아시고…"

"아무튼 알고 있었단다, 그래서 널 기다렸지!" 성인은 함박 웃으며 그에게 답했다.

대주교인 넥타리오스 성인은 그의 지위에도 불구하고 수녀들의 신발을 수선하는 일을 전혀 부끄러워하지 않았다. 1908년 7월 5일 성인은 아테네에 있는 코스타 사코풀로스에게 편지를 띄웠다. "코스타, 수녀들의 신발 밑창을 얇고 가벼운 것으로 바꾸려고 하니 여성용 신발 밑창 2개와 커피를 보내주게나."

성인은 단순한 사제처럼 수도원의 담임사제로 또 영적 아버지로 수도예식에 걸맞게 매일 수도원의 예식들을 집전하며 수녀들을 영적으로 인도했다. 성인이 여생을 마칠 때에는 수도원의 수녀가 38명에 달했다. 성인은 하느님과 그분의 섭리에 대한 믿음과 수녀들의 보호자인 파나기아(성모님)에 대한 진심어린 기도,

순수하게 지켜져 내려온 수도원 전승과 공동체에 대한 일념, 아버지와 같은 사랑과 슬기, 그리고 자신의 완전한 헌신과 얼마 되지 않는 성인의 수입으로 수도원을 운영했다. 아토스 수도사 아비멜렉은 이렇게 적었다.

"성인은 수도원의 담임사제처럼 지내며 교회 안이나 밖에서 정기적으로 하느님의 말씀을 전했다. 고백성사를 통해 또 대중과 개인에게 훈계를 해 주며 그들을 영적으로 이끌었다. 간단히 말해, 성인은 등경 위에 얹혀있는 등불처럼, 구세주의 초소를 지키는 초병처럼, 세상의 빛처럼 산위에 있는 마을처럼 계셨다."

넥타리오스 성인은 성스럽고 올바른 찬양이 수녀들의 성스런 목표에 도움이 될 것이라는 확신을 가지고 있었다. 그래서 비잔틴 음악 교육에 남다른 관심을 기울였다. 특별히 경건한 비잔틴 음악가에게 교육을 받을 필요를 느꼈다.

성인은 진정한 교부들의 반석 위에 수도원을 견고히 세우기 위해 겸손하게도 아타나시오 형제회의 수도사제 다니엘 카투나키오티 수도사와 소프로니오 케하기올글루 수도사에게 그들의 지식과 경험을 바탕으로 수녀들에게 훈계와 조언을 해 줄 것을 요청했다.

성인의 병이 깊어져 그의 직무를 효과적으로 수행하지 못하게 되자 성인은 후에 갈립노스 섬의 성인으로 잘 알려진 사바 카테르구스 신부를 그의 협력자로 부른다.

이 밖에도 성인은 에기나의 젊은 여성들의 신앙교육을 위해

"여학교"를 세울 목표를 세웠다. 그리고 설교가들을 배출하기 위한 교육기관을 설립하려 하였다. 하지만 성인이 갈망했던 그 꿈은 불행히도 실현되지 못했다.

에기나의 성 삼위 수도원은 섬에서뿐만 아니라 그 밖의 지역에도 중요한 예배 중심지로 자리매김하였다. 1913년 "세 분의 대주교"라는 잡지는 이렇게 적었다.

"에기나 섬의 팔레아 호라에 위치한 수도원의 성령 축일은 펜다폴리의 넥타리오스 케팔라스 대주교의 집전하에 웅장하고 엄숙하게 거행되었다. 동정 수녀들의 천사와 같은 멜로디는 그곳에 참례한 신자들의 영혼을 천상으로 이끌었다. 그리고 온화한 대주교의 모습은 삶에 지친 이들을 감싸주고 세상의 풍파에 시달린 영혼들에게 기쁨을 선물했다.

훌륭한 대주교들은 그리스도께서 주인이 되시는 교회를 온전하게 장식한다. 그들의 귀한 가르침은 세상의 어둠을 헤치고 그들의 따뜻한 미소는 그릇된 길에서 헤매는 영혼을 비추며 우리 믿음의 완전함과 내세의 희망을 깨닫게 해 준다.

넥타리오스 성인은 그의 적은 연금을 주로 수도원에 사용했지만 때론 어렵고 가난한 그곳 주민들을 위해 쓰기도 하였다. 1916년과 1917년의 아주 힘든 시기에 성인은 수녀들에게 양식을 보관하지 말고 하느님께 모든 것을 맡기자고 말하였다. 그래서 수도원은 주변의 가난한 이웃들에게 수도원의 양식을 나눠주곤 했었는데 수도원의 일용할 양식이 결코 떨어지지 않았다.

넥타리오스 성인을 알고 지내던 사람들은 한결같이 성인이 훌륭한 자선가였다고 회고한다.

13살부터 성인을 알고 있었던 에방겔리아 베시는 "넥타리오스 성인이 무척 소박하고 자선을 많이 했다"고 기억했다. 언젠가 가난했던 몇몇 에기나 여인들이 수도원에 가서 도움을 주었다. 성인은 그 감사의 표시로 수도원에서 줄 수 있는 것은 모두 바구니에 담아 그녀들에게 주었다. 당시 수도원은 무척 가난했었다. 하지만 성인은 모든 것을 하느님께 맡기고 창고에 있던 음식을 모두 꺼내 그녀들에게 주었다. 그리고 그녀들이 도움 받는 것을 아무도 눈치 채지 못하게 수도원의 뒷문으로 불러 전해 주었다. 반면 성인은 거의 매일 콩으로 식사를 하였다.

수도원 이웃에서 태어나 성장했던 마리아 수녀는 성인이 에기나에 도착할 때부터 잠들 때까지 옆에서 지켜보며 성장했다. 그녀는 성인의 자선에 대해 이렇게 회고했다.

"성인은 자선가였다. 누구라도 식사를 하지 않고는 수도원을 떠날 수 없었다. 식탁이 차려지면 누군가 와서 같이 식사를 해야 했다! 수도원에서 일하고 있는 인부든 수도원을 방문한 순례객이든 식탁에서 같이 식사를 해야 했다." 수녀는 계속해서 말했다. "언젠가 내가 지금처럼 문 앞에 서 있었다. 그런데 어떤 가난한 여자가 수도원을 찾아왔다. 그녀는 신발을 신지 않은 맨발이었다. 그녀를 본 성인은 그녀에게 자신의 신발을 벗어주며 이렇게 말했다."

"얘야, 이 신발을 신으렴, 나는 다른 신발이 있으니 그것을 신을 거란다."

성인은 이렇게 자선을 많이 베푸신 분이었다. 옷을 선물 받으면 그것을 전부 다 나눠줬다. 자신을 위해 남기는 법이 없었다. 언젠가 성인은 수도원의 살구나무에서 살구열매를 땄다. 그리고 그 열매를 손에 한 움큼 쥐고서 우리를 불렀다.

"착한 아이들아, 어서 오렴, 내가 깨끗이 다 씻은 거니까 어서 와서 먹으렴."

고아에 대한 성인의 각별한 사랑의 일화가 있다.

"언젠가 부자 여인이 성인을 방문했다. 성인은 그녀에게 '당신 영혼의 구원을 원한다면 저 아이를 데려다가 공부를 시키시기 바랍니다' 하고 말했다. 그리고 얼마 전 부모를 잃은 아이를 가리켰다."

성인은 많은 에기나 주민들을 영적으로 인도했다. 오늘날까지도 많은 이들이 수도사 모자와 낡은 수단을 입은 채 가난한 이웃을 방문해 잠시 대화를 나누던 성인의 모습을 기억한다. 그들은 수도원의 노새를 타고 물을 길으러 우물로 가던 성인과 도시와 마을 그리고 감옥에 갇힌 이들을 방문하고 서민들과 어울리던 성인을 회고한다. 성인은 이렇게 그들의 많은 문제들을 상담해 주고 그들에게 용기를 북돋워주며 그들의 일손을 축복했다. 필자는 성인을 알고 지냈던 사람들과 성인의 도움의 손길을 받았던 사람들, 그분과 소박하면서도 인간적인 대화를 나눴던 에기나의 수많은 사람들을 25년간 만나왔다. 그들은 성인에게서 안디도로(성찬예배 후 교인들이 받는 축복된 빵)를 받고 성인의 영대 앞에서 죄를 고백했으며 경건하게 그분의 손에 입을 맞췄던 사람들이다. 그들은 성인의 손가락이 "솜처럼" 부드러웠으며 어부들이 멀리 고기잡이를 나갈 때 또는 "엄청나게 많은 고기"(루가복음 5:6)를 가지고 돌아올 때, 혹은 1912년 전쟁터의 전선으로 떠날 때 방 창문을 통해 축복해 주던 성인을 직접 목격한 사람들이었다. 당시 어린 학생이었던 아이들은 지금 어른이 되어 당시 선생님과 함께 그곳에 소풍을 갔거나 자기들끼리 그곳을 방문했던 아스라한 추억을 고스란히 기억했다. 그리고 성인과 함께 팔리아호라 지역을 순례했던 추억과 마그달리니 수녀와 아타나시아 수녀가 교회 입구 맞은편에 있는 교실에서 자신들을 무상으로 가르칠 때 그들의 모습을 지켜보고 있던 성인을 회고했다. 이렇게 어른이 된 그들은 성인에게 직접 성가나 여러 가지 교회 노래를 배웠던 추억을 잊지 못했으며 소박한 "시골 할아버지"같은 사랑을 보여 주었던 그분을 잊지 못했다. 또한 상당수의 사람들은 수도원과 마을 그리고 팔리아호라의 외진 곳에 있는 성당에서 성인과 함께 드린 성찬예배와 철야예배의 기억을 고스란히 간직했다. 연세가 지극하신 노인들은 성인이 "온천"을 만들기 위해 수발라로 내려가거나 수도원에 생선을 공급하기 위해 페르디카로 내려가는 모습을 기억했다.

  성인이 1년에 두세 번 성찬예배를 드리러 도시에 내려올 때에는 주민들이 성인이 가는 길을 꽃으로 수 놓았다. 1911년 교구청 성당에서 봉직했던 니콜라우 무차추 신부의 장례 예식에서 어린 아이들은 땅에서 1 미터 정도 떠 있는 기적 속의 넥타리오스 대주교를 목격하기도 했다.

　성인은 이렇게 바쁜 활동에도 불구하고 저술에도 힘을 기울였다. 성인은 이 기간 동안 약 10권의 책을 출판했다. 성인이 저술한 그 밖의 책들은 성인이 잠든 후에 출간되었거나 아직 발간되지 않은 채 남아있다.

18. 새로운 시련

넥타리오스 성인은 어느덧 물질 세상을 초월한 72세의 노인이 되었다. 성인이 영면하기 전, 섬에 살고 있던 "초 장사꾼"으로 알려진 한 외지인 여인이 성인을 불륜으로 고소하였다. 그녀는 스타브로스의 부인 이리니 프랑구디였다. 그녀는 아타나시오 쿠다와의 첫 번째 결혼에서 마리아라는 딸을 얻었는데 딸을 에기나의 한 남자와 강제로 결혼시키려 하였다. 마리아는 수도원으로 도망쳤다. 성인은 교회의 선임자와 상의한 끝에 그녀를 수도원에 받아들였다. 물론 수녀는 아니었다. 프랑구디 부인은 증오로 가득 차서 피레아의 검찰에게 있지도 않은 죄목을 들먹이며 성인을 고소하였다.

담당 조사관은 그 고소의 진위를 제대로 조사하지도 않고 수도원을 직접 방문했다. 그리고 오늘날 성인의 빈 무덤이 있는 그곳에서 약간 떨어진 제단의 작은 문 맞은편에 있는 교회의 남쪽 방에서 고소와 관련된 조사를 했다. 조사관은 대주교의 권위나 연세, 성인의 생애에 전혀 아랑곳하지 않은 채 협박과 욕설, 그리고 손가락질을 해 가며 무례하게 대주교를 대했다. 하지만 성인은 언제나 성인을 지켜주셨던 위대하고 정의로운 심판관께 진리가 승리할 것이라는 희망을 두고 인내와 평안을 유지한 채 내면의 기도로써 그 상황을 대처했다. 성인은 "하느님께서는 당신이 말하는 모든 것이 진리인지 아닌지 잘 알고 계시기에 나는 내 자신을 위해 굳이 변명하지는 않을 것이다!"라는 생각으로 사실상 침묵하는 가운데 조사관의 심문을 듣고 있었다. 이드라의 교구장 이에로테오스 대주교는 당시 수녀였다가 후에 수녀원장이 된 (1968-1978) 테오도시아 카차가 남긴 사료를 보관하고 있었는데 그 내용은 이러했다.

"나는 아주 끔찍한 상황에 놓여있던 우리의 대주교를 기억한다. 공공기관의 공무원이 성인을 모략하는 자들에게 현혹되어 심한 욕설을 퍼부으며 성인을 공격했다. 우리는 심한 욕설을 감당하지 못하고 울고 말았다. 우리는 어느 순간 '대주교님, 저 무례한 자에게 대답해 주세요.'라고 말씀드렸지만 대주교께서는 아무런 동요도 없이 묵묵히 침묵했다. 성인은 자신의 작은 지팡이에 몸을 의지한 채 시선을 하늘로 향하고 있었다."

얼마 지나지 않아 마침내 성인의 무죄가 드러났다. 법원의 명령으로 아테네에 있는 두 명의 의사가 딸을 검사한 결과 아무런 흠이 없는 것으로 판명났다. 그의 가족에 따르면 딸은 크세니라는 수녀명으로 어느 수도원의 수녀가 되었다고 전한다. "초 장사꾼"은 성인에 대한 무고죄로 자기 고향인 시프노로 보내졌다. 무례한 조사관도 좋은 운명을 맞지 못했다.

어머니의 고소로 인해 큰 고통을 겪었던 딸은 크세니 수녀가 되었다. 그리고 69년이 지나 성인이 겪었던 엄청난 정신적 시련을 처음으로 마놀리 멜리노 기자에게 털어놓았다. 그럼 그 인터뷰 내용을 살펴보자.

"조사가 끝나자, 성인이 사람을 시켜 나를 부르셨습니다. 나는 걱정이 많이 앞섰지요. 대주교님은 당신 방으로 나를 데리고 가셔서 나에게 이렇게 말씀하셨습니다:

크세니 수녀

"얘야, 어린 소녀야. 어디 마음 둘 곳이 있니? 혹시 너에게 무슨 일이 있는 거니? 나에게 사실대로 말해주지 않겠니? 왜냐하면 내가 너로 인해 곤경에 처하게 생겼구나. 나를 감옥에 넣고 수도원도 폐쇄할지 모른단다."

"정말이에요! 저 때문이에요, 대주교님?"

"그렇구나, 얘야! 나를 감옥에 집어넣으려고 하는구나… 이제 조사관이 너를 데려다가 의사에게 데리고 갈거야. 왜냐하면 너의 어머니가 계속 그렇게 주장하고 있기 때문이란다. 그것은 네게 큰 시련이 될 거란다. 하지만 얘야, 사람들이 동정의 몸을 발가벗

기고 비아냥거렸던 페브로니아 성녀를 기억하기 바란다. 너는 이 끔찍한 상황을 하느님의 도우심으로 벗어나게 될 거야. 그런데 얘야, 무슨 나쁜 일이 네게 있었던 거니?"

저는 마음이 너무 아프고 괴로워 계속 울고만 있었지요. 그리고 이렇게 대답했습니다.

"아닙니다, 아니에요, 대주교님. 저는 아무 일도 없었어요. 저는 아무도 밟지 않은 눈처럼 순결하고 깨끗해요!"

저는 그분께 "아무도 밟지 않은 눈처럼!"이라고 말씀드렸지요. 어떻게 그런 말이 제 입에서 나왔는지! 그 순간 저는 그분께 말씀드렸어요.

"대주교님, 죄송합니다만 저의 어머니에게 화를 내지 말아주세요."

"얘야, 무슨 소리니! 내가 왜 화를 내겠니? 하느님께서 나에게 보내주신 월계관을 내가 왜 물리치겠니? 그렇지 않단다, 얘야. 나는 화를 내지 않을 거야."

멜리노스 기자 : 놀라운 대화네요 수녀님! 성인이나 할 수 있는 그런 말이군요!

크세니 수녀 : 그럼요. 성인이나 할 수 있지요! 조사관이 그분께 그토록 심하게 했어도 성인의 모습은 그랬죠…

멜리노스 기자 : 우리같이 하찮은 사람들은 쉽게 분노하잖아요, 수녀님…

크세니 수녀 : 그래서 그분이 성인이 되신 거죠, 그런 십자가를 매셨으니…

멜리노스 기자 : 수녀님, 조사는 어디서 이루어졌나요?

크세니 수녀 : 대주교님 집에서요.

멜리노스 기자 : 성인의 방이 있는 거기요?

크세니 수녀 : 아니요. 지성소 밖 문에 서서 보면 맞은편에 조그만 문이 있지요. 그 문을 열고 들어가면 큰 방이 하나 나온답니다. 성인의 무덤 좀 더 위쪽에 있죠. 오늘날 방문객들에게 커피를 제공하는 그곳입니다. 그곳에서 조사가 이루어졌죠. 이제 성인의 착한 심성에 대해 말씀드리죠. 성인이 나를 데려다가 "나에게 사실대로 말해주지 않겠니? 왜냐하면 내가 너로 인해 곤경에 처하게 생겼구나. 나를 감옥에 넣고 수도원도 폐쇄할지 모른단다."라고 말씀하셨을 때 나는 "대주교님, 저는 아무도 밟지 않은 눈처럼 순결하고 깨끗해요!"라고 대답했죠. 그러자 성인은 집 현관으로 저를 데리고 가셨어요. 계단을 오르다 보면 바닥에 돌판이 하나 있었죠. 오늘날까지 있는지 모르겠네요. 그리곤 바로 집 현관이 나왔죠. 그곳 현관에는 찬장이 하나 있었어요. 성인은 그곳에서 수프 숟가락을 꺼냈어요. 그리고 버찌 시럽을 담은 단지에서 시럽을 가득 담아 제게 주셨죠.(수녀는 말을 하는 동안 끊임없이 눈물을 흘렸다.)

"얘야, 이 달콤한 시럽 좀 먹어보렴."

성인은 이 달콤한 시럽으로 – 내가 어린 아이였기에 – 기분이 좋아질 거라고 생각하신 것이었죠.

"소용없어요, 대주교님, 소용없어요."

"아니란다, 좋아질 거야! 아주 좋아질 거야!"

성인은 아주 마음씨 좋은 할아버지처럼 저에게 버찌 시럽을 주셨죠! 성인이 내게 해주신 수많은 것 중에 과연 내가 제일 먼저 무엇을 기억해내야 하는지, 그리고 어떻게 그것을 잊을 수 있는지…(수녀는 다시 울었다). 성인과 제가 대화를 마친 후 성인은 제 손을 잡고 조사관에게 데려갔어요. 그리고 그에게 말했죠.

"순결한 처녀를 당신께 넘겨드립니다! 동정인 그녀를 당신 딸처럼 잘 보살펴주시기 바랍니다! 이 소녀는 그녀의 어머니가 말하듯 그런 아이가 아니랍니다…"

멜리노스 기자 : 그 이후는 어떻게 진행되었나요, 수녀님.

크세니 수녀 : 조사관은 저를 데리고 아테네로 갔습니다.

멜리노스 기자 : 호송원도 같이 있었나요?

크세니 수녀 : 두 명이 있었어요. 그리고 그의 수행비서 한 명도 있었지요. 그들은 저를 아테네로 이송해 검찰로 데려갔어요.

멜리노스 기자 : 가는 도중에 조사관이 수녀님께 뭐라고 하던가요?

크세니 수녀 : 앞으로 네가 무슨 일을 겪을 것인지 잘 보아라! 라고 말했지요.

멜리노스 기자 : 검찰에 도착해서는 어떤 일이 있었나요?

크세니 수녀 : 직원이 저를 산부인과 의사에게 데려갔지요. 그리고 의사가 저를 검사했지요. 의사는 소견서를 우리에게 써 주었고 조사관이 그 서류를 받았지요. 저의 어머니는 그 의사 소견을 듣고는 이렇게 말했어요. "사람들이 제 딸에게 돈을 주고 의사를 매수시켜 처녀라고 말하게 한 것입니다!" 저는 과자 사먹을

단돈 10원도 없었답니다. 과자를 사 먹고 싶어도 사 먹을 수가 없었죠. 검찰 여직원이 나의 몸을 수색하기 시작했죠. 하지만 아무것도 나오지 않았답니다. 여직원은 "이 아이 몸에는 한 푼도 없다."고 말했죠. 검찰은 좀 더 확실한 결과를 얻기 위해 이튿날 저를 다른 의사에게 다시 데려갔죠. 의사가 다시 저를 검사했고 소견서를 발부했습니다.

나중에 저는 두 의사의 소견서를 받았습니다. 그리고 조사관은 제가 돌아갈 배에 저를 실어주었죠. 왜냐하면 성인이 조사관에게 "소녀를 다시 저에게 보내주십시오."하고 부탁했었기 때문이었어요. 저는 8일 만에 에기나로 돌아갔답니다.

성인을 무척이나 존경하고 사랑했던 수녀들은 마음이 무척 상해 있었지요. 그리고 이 불미스런 사건의 원인이 바로 저라고 생각했어요. 나 때문에 성인이 고초를 겪었다고 생각했던 것이지요. 그래서 수녀들은 처음부터 저를 그곳에 받아들이길 원치 않았습니다. 저는 당시 그들의 마음을 충분히 이해하고 받아들입니다. 정말 그녀들은 엄청나게 고통을 받았지요. 수녀들은 잘 알고 있던 바실리키 자네티 부인과 그녀의 딸 엘레니에게 부탁해 모든 것이 다시 평온해질 때까지 저를 그들의 집에 묵게 했죠. 그 많은 일을 제가 일일이 기억하지를 못하겠군요.

멜리노스 기자 : 수도원에는 언제 가셨고 조사는 언제 이루어졌나요?

크세니 수녀 : 그곳에 머물기 위해 간 것은 1918년이었는데 문제가 불거진 것은 1919년이었습니다. 조사관이 수도원을 찾아와

서는 완전히 뒤집어놓았죠. 아무튼 수녀들의 마음이 진정될 때까지 저를 그 집에 보내 그곳에서 지내게 되었답니다. 바실리키 부인은 무척 좋은 분이셨어요. 저는 정기적으로 교회에 나갔습니다. 그리고 수도원도 걸어서 가곤 했지요.

멜리노스 기자 : 그런데 수녀님, 어머니는 어떻게 되셨나요?

크세니 수녀 : 저의 무죄가 드러나자 조사관이 어머니께 이렇게 말했지요.

"당신의 딸을 부도덕한 사람처럼 만들고도 부끄럽지도 않습니까? 못된 여자 같으니라고. 내가 당신을 저 멀리 보내버릴 것이오!"

조사관은 검찰에서 저희 어머니에게 그렇게 말했지요. 그리고 서류를 만들어 그녀를 저 멀리 귀향 보내고 말았지요. 에기나 섬에서 그녀를 내쫓아 버린 겁니다.

멜리노스 기자 : 혹시 어머니가 악령에 사로잡혀 그렇게 행동했던 것은 아닌가요?

크세니 수녀 : 글쎄요. 제가 그것까지는 잘 모르겠네요…

멜리노스 기자 : 당신을 고통스럽게 만든 어머니에 대해 오늘날까지 미움이 남아있으신지요?

크세니 수녀 : 무슨 미움이 남아있겠습니까! 단지 마음이 아플 뿐이지요. 왜 그렇게 하셨는지…

멜리노스 기자 : 그러면 수녀님께서는 진심으로 어머니를 용서하셨단 말씀이신가요?

크세니 수녀 : 네, 어머니를 용서했지요. 하지만 그 아픔은 마

음속에 그대로 남아 있답니다. 하느님께서 어머니를 평안히 안식케 하여 주시길 기원합니다! 그리고 전혀 분노하지 않으셨던 성인께서도 어머니를 용서해 주시길…

　오랜 지병으로 고생했던 성인의 이번 시련은 성인의 여생에서 마지막 시련이었다. 성인은 모든 것을 하느님께 전적으로 맡기며 그 모든 시련을 극복했다. 그래서 그런지 성인이 좋아했던 일들 중의 하나는 바로 십자가를 만들어 "십자가는 내 삶의 일부분이다"라고 그 위에 적는 일이었다.

19. 저술 활동

넥타리오스 성인은 어렸을 때부터 "하느님 선한 이여, 나를 불쌍히 여기소서…"로 시작하는 시편 51편을 낭송할 때 "죄인들에게 당신의 길을 가르치니 빗나갔던 자들이 당신께로 되돌아 오리이다"라는 구절에 이르러 잠시 머무르며 이 구절을 여러 번 반복하곤 하였다. 1895년 성인은 그의 저서에서 "유익한 지식의 보급에 뜨거운 갈망"을 항상 느꼈다고 회고했다. 성인은 몇 년이 지난 다음, 바토페디 수도원의 수도사들에게 편지를 보냈다.

"가슴을 뜨겁게 태우는 신앙적 열정으로 무장한 우리는 그리스도인의 이름으로 살아가는 교회의 신자들에게 최대한 도움이 되고자 합니다(…). 그래서 신자들의 종교적 신념과 덕행에 유익을 줄 수 있다고 판단되는 모든 책들을 발간하고자 합니다. 하느님의 영광과 우리 형제들을 위해 일한다는 이 기쁨은 나에겐 큰 보상이 됩니다(…). 우리는 좌절도, 포기도 하지 않고 모든 희망을 하느님께 걸며 교회와 그 신자들을 위해 일을 할 것입니다."

성인의 이런 숭고한 계획의 실현은 소년시절 콘스탄티노플에서 일 했을 때부터 시작되었다. 그 때 성인은 성서의 귀한 말씀과 고대 철학자들의 금언을 담배 포장지에 적어 보냄으로써 편지를 받는 사람들이 다소나마 유익을 얻을 수 있도록 하였다. 하지만 성인의 본격적인 저술 활동은 1885년 아테네에서 시작되었다. 성인은 총 68권의 책을 저술했다.

사실 성인의 이런 저술활동은 참으로 많은 궁금증을 자아낸다. 왜냐하면 병약했던 성인이 카이로에 있는 알렉산드리아의 총대주교 대표부의 책임자로, 여러 지역을 두루 다니며 복음을 전하던 설교사제로, 리자리오 신학교의 책임자로, 에기나 수도원의 건립을 위해 노동하는 일꾼으로, 영적 인도자로, 또 섬의 여기저기를 다니며 예배를 드리는 사제로 직무들을 수행하면서 어떻게 시간을 내어 그런 저술 활동을 할 수 있었는지 놀라움을 금할 수 없기 때문이다. 더욱이 성인은 "생전에 수없이 많은 모함과 모략"도 받았다. 아울러 성인이 저자로서의 은사와 적성 그리고 의지가 있었다 할지라도 문헌에 대한 연구와 저술 자체를 위해 투자한 시간 역시 결코 만만치 않다. 결국 이 모든 것은 "눈 붙이고 잠들지 못하겠습니다. 눈시울에 선잠조차 붙일 수가 없습니다." (시편 132:4)라는 말처럼 성인이 이 일을 하기 위해 잠을 줄여 저술 활동을 했다는 방증이 된다. 그밖에도 가난했던 성인이 출판된 책들을 거의 무상으로 선물했다는 점을 든다면 출판 비용을 어떻게 감당하고 마련했는지 참으로 놀라지 않을 수가 없다. 성인은 이 점에 대해서 직접 이렇게 밝힌 적이 있다. "작품을 출판할 때 나는 경제적 여유가 하나도 없었다. 왜냐하면 들어가는 비

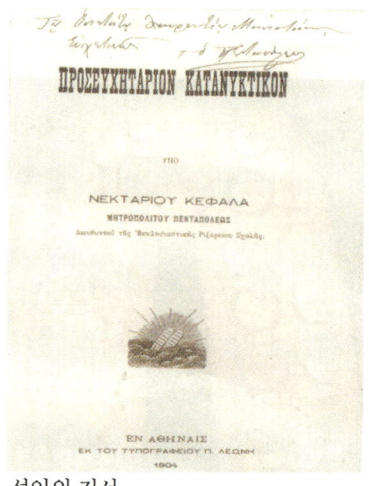
성인의 저서

용만큼 수입이 따르지 못했기 때문이다." 하지만 그의 이런 노력을 하느님의 능력이 함께 해 주었고 "백성들을 영적 빛으로 인도하고자 하는 성인의 뜨거운 열정"과 그리스도인들을 도와주어야겠다는 성인의 흔들림 없는 일념이 그 노력을 현실로 만들어 나갔다.

성인이 저술한 책의 내용을 살펴보면 성인은 정교회 교부 문헌을 인용하며 신학(조직신학, 역사신학, 실천신학) 전체를 다루고 있다. 성인이 다룬 주제들은 당시 자연과학의 영향으로 인해 불신이 팽배해 있던 그 시대의 신자들과 직접적인 관계가 있었다. 당시 사람들은 자연과학에 힘입어 그리스도교의 믿음과 반목했고 결과적으로 교회와 반목하고 있었다. 성인의 저술이 거둔 큰 업적은 학생들을 가르치기 위한 교재, 그리고 사제들과 설교사제들 그리고 신자들에게 필요했지만 거의 전무했던 교재를 제작한 데 있었다. 일반적으로 성인의 저서들은 "백성에게 커다란 도움을 주었는데 그것은 성인이 책을 발간한 목적이기도 했다." 그래서 성인의 저서들은 총대주교들과 대주교들, 대학교 교수들과 각종 지상 매체들로부터 많은 칭송을 받았다.

20. 성인의 주요 가르침

넥타리오스 성인의 가르침은 정교회에서 가르치고 고백하는 가르침과 동일하다. 그래서 우리는 성인이 정교회의 가르침을 일반화(대중화)한 몇 가지 구체적 사례와 또 자신의 개인적인 영적 체험을 몇 가지 가려내어 살펴보려 한다. 성인의 가르침은 성인의 여러 저서들과 개인적인 실제 체험에서 그대로 인용했다.

영적 성장과 구원의 가장 기본적 전제는 믿음이다. 성인은 "세상 속에서의 하느님의 계시에 대하여"라는 그의 저서에서 이렇게 말했다.

"믿음의 힘은 얼마나 놀랍고 강력한가? 누가 감히 그 믿음에 대적하고 대립할 수 있는가? 땅의 기초가 흔들리고 자연이 복종하며 산들이 무너진다. 결코 패할 것 같지 않은 강력한 힘도 살아 있는 믿음의 힘 앞에 고개를 숙이고 그 앞에 무릎을 꿇는다. 믿음의 이 위대함 앞에서 인간은 자신의 왜소함을 느낀다."

그렇다고 강한 힘에 대한 믿음 자체가 구원을 해 주는 것은 아니다. 인간을 구원해 주는 것은 "성 삼위 하느님"에 대한 올바른 믿음, 성 삼위께 모든 것을 맡기는 믿음, 신자들이 시련을 겪을 때 하느님께서 함께 하고 계시다는 신념이다. 성인의 1905년 4월 6일의 편지를 살펴보자.

"선하고 강력하며 살아계신 하느님께 의지하라. 그러면 하느님께서 너희 영혼을 높이 들어 올려주실 것이다. 시련은 영적인 기쁨을 동반한다. 주님께서는 당신의 사랑을 위해 시련과 슬픔을 겪는 이들을 지켜보고 계신다. 하느님께서 너희와 함께 하시니 마음이 동요되거나 두려워할 필요가 없다."

분명 성 삼위 하느님에 대한 믿음은 교회에서 올바르게 해석한 복음의 가르침에 부합되어야만 한다. 왜냐하면 교회는 "생명으로 들어가게 하는 문이며 신자들을 거듭나게 하는 유일한 길이기 때문이다."

교리적 순수는 그리스도인의 윤리적 생활과 병행되어야만 한다. "올바른 윤리적 생활 없는 신앙은 하느님과 인간을 욕되게 한다." 따라서 신자는 하느님의 거룩한 계명이 은혜로운 결과가 될 수 있도록 몸소 행동으로 보여야 한다. 1904년 12월 6일 성인은 아테네 교구에서 이렇게 설교했다. "주님의 계명을 정확히 따르는 사람은 하느님 앞에서 당당하다. 그가 원하는 것이 있다면 하느님으로부터 모두 받을 것이다."

개인기도와 공동기도, 그리고 구원을 가져오는 교회성사의 참례가 "형식"이 아닌 진실한 "예배"가 될 때, 그것들은 신자들의 믿음을 더욱 공고하게 해 주고 영적 투쟁에 더욱 매진할 수 있도록 하는 힘이 되어 준다. 성인도 열성적인 기도나 손수 만든 곡으로 – 시편이나 교회의 성가를 편곡하거나 새로 작곡함 – 성 삼위 하느님과 자애로우신 하느님의 중보자이신 테오토코스를 찬양하면서 이 원칙 속에서 살았다. 성인은 어디를 가든지 항상 시편을 지니고 다녔다! 성인은 "나는 이것으로 하느님을 높이고 찬양하며 찬미할 것이다."라고 적었다. 성인의 성가는 섬세하고 부드러운 자신의 마음을 담아서, 거룩한 것을 대하는 영혼의 단면과 하느님께 전적으로 모든 것을 맡기는 진실한 믿음을 보여준다. 성인이 작사한 성모 찬양송은 오늘날 수많은 정교회에서 불리고 있으며 "혼인한 바 없는 신부여, 기뻐하소서."라는 성가의 후렴은 신자들의 심금을 울리고 성스런 마음을 자극한다.

순결하신 동정녀여, 정결한 테오토코스여,
왕비인 동정녀 어머니여, 시원한 위로를 주시는 이여,
하늘보다 더 높고, 광채보다 더 빛나는 이여,
동정녀들 중에 가장 큰 기쁨이고, 천사들 중에서 가장 높으신 이여,
하늘보다 빛을 더 발하고, 빛보다 더 투명하신 이여,
하늘의 천사 군대보다 더 거룩하신 이여.

동정녀 성모 마리아여, 온 세상의 보호자여,
정결과 순결한 신부여, 동정녀 성모 마리아여,
왕비이며 신부인 마리아, 기쁨의 근원이여,
정결한 딸과 왕비 되시는, 가장 거룩한 어머니여,
케루빔보다 더 고귀하시고, 가장 큰 영광 받으시는 이여,

형체 없는 세라핌과 천사들보다 더 높으신 이여.

케루빔이 찬양하는 이여, 천사들이 찬양하는 이여,
세라핌이 찬양하는 이여, 천사들의 기쁨이여,
평화이시며 기쁨이신 이여, 구원의 항구이신 이여,
거룩한 말씀을 낳으신, 지지 않는 꽃이여,
형언할 수 없는 낙원이여, 영원한 생명이여,
생명의 나무이시고, 죽지 않는 근원이여.

당신께 간청하나이다, 지금 당신을 부릅니다,
왕비여 우리를 불쌍히 여기시고, 우리를 위해 중보하소서,
정결하고 흠 없는 딸이여, 동정녀 성모 마리아여,
당신께 호소하나니, 거룩한 성전이여,
온갖 시련에서 우리를 보호해 주시고 구원하소서,
영원한 생명을 유산으로 물려주소서.

비신자들과 이단들이 폄훼하기 위해 노력했던 교회의 여러 가지 교리에 대한 성인의 해석 또한 주목할 만하다. 성인은 기적을 "피조물에 대한 창조주의 사랑의 산물이며 당신의 피조물을 계획된 최종 목표로 이끌기 위한 표시"로 보았다. 그래서 성인은 기적에 대한 주장을 결코 굽히지 않았다. 성인들에 대한 신자들의 공경도 "그분들의 높은 덕성과 놀라운 투쟁의 삶으로 인해 삭지 않는 영광의 관을 받은 성인들에 대한 신자들의 사랑의 표현

성모 찬양송(아그니 파르테네)을 성모님께 바치는 성인

으로(…) 그릇된 오류와 투쟁하던 그리스도의 진리의 수호자에 대한 영원한 감사의 표현으로(…) 또 우리에게 많은 도움을 주었던 그들에 대한 우리의 도덕적인 빚"으로 보았다. 성인들은 "투쟁의 교회와 영육으로 병들어 신음하고 있는 교회의 구성원들, 그리고 덕을 완수하지 못한 채 떠난 영혼들을 위해 기도해 주며 또 그들에게 기도를 간구하는 자들에게 도움을 베푸는" 이들이다. 거룩한 이콘을 바라보는 성인의 입장은 교회의 가르침과 동일하다. 그는 교회가 정한 대로 이콘에 경의를 표하고 무릎을 꿇고 기도했으며 아토스 성산의 수도원에 이콘을 주문하고 이콘에 관한 글을 써서 이콘에 대한 애틋한 마음을 보여 주었다. 물론 성인은 이콘을 지나치게 경배하는 이들의 그릇된 오류도 역시 지적

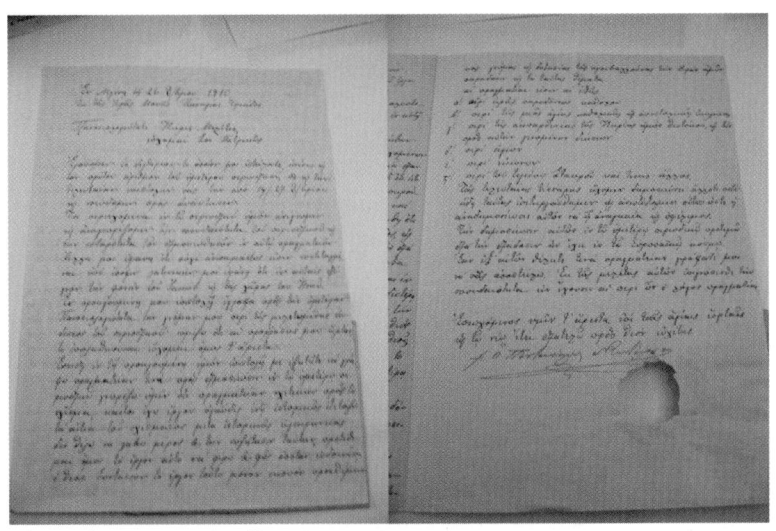
그로타페라타 수도원(로마)에 보낸 성인의 편지

하였다.

이교에 관해서 성인의 입장은 확고했다. 흔들림 없이 정교의 믿음을 고집했고 이단에 대항해서 강연하고 여러 많은 수고를 아끼지 않았다. 진정한 그리스도인으로서 그리고 교회의 지도자로서 가슴 아프게 교회의 분열을 지켜보았으며 그의 힘이 미치는 한, 쌍방이 양쪽의 입장을 서로 이해하도록 또 각자의 교리를 주장하는 그들 사이에 사랑이 자리할 수 있도록 노력했다. 그리고 같은 그리스도인들끼리 서로 반목하지 않고 오직 한 분이신 하느님의 사랑하는 한 자녀가 될 수 있도록 쌍방의 가교 역할을 마다하지 않았다. 성인의 이런 노력은 그로타페라타(로마) 수도원장, 칸다브리기아의 대주교, 그리고 구 가톨릭 신자들과 교류한 서신에 그대로 드러난다. 특히 성인은 세계 총대주교 요아킴 3세에게

구 가톨릭 신자들의 편지를 전해 주었다. 성인은 콥틱 교회에 대해서도 많은 사랑과 관심을 기울였다. 성인의 이런 태도는 모든 신자들이 깊이 새겨봐야 할 모습이다. 왜냐하면 성인이 밝힌 것처럼, "완전한 이해가 결핍된 상태의 광신자는 파괴하는 사람"이 되기 때문이다.

젊은이들에 대한 교육과 육체 운동에 대한 성인의 견해는 주목할 만하다. 성인은 젊은 나이와 또 그 시기에 추구하는 열망에 대해 깊이 분석한 후, "제대로 교육시키지 못하고 자기 자신도 제대로 깨우쳐 주지 못하는 학문은 도움이 되기보다 오히려 해가 된다."라고 밝혔다. 그리고 이렇게 가르쳤다.

"주님 안에서의 사랑하는 자녀들이여, 그대들은 참된 지혜와 진리의 학문을 탐구하길 바란다. 그것은 그대가 누구인지 하느님이 어떤 분인지 가르쳐 줄 것이며 성스러운 것과 인간적인 것을 알게 해 줄 것이다. 그리고 안전하게 곧은 길, 곧 경건과 정의와 진리의 길로 인도해 줄 것이다. 왜냐하면 덕으로 이끌어 주지 못하는 학문은 인간의 높은 목표를 실현시킬 수 없기 때문이다."

육체적인 건강에 대한 성인의 지대한 관심은 키미와 리자리오 신학교에 성인이 세운 체육관을 통해 실현된다. 키미와 리자리오에서 일할 때 성인은 젊은이들의 육체적 건강의 증진에 관심이 많았다. 1893년 키미에서 성인은 이렇게 말했다. "운동은 선수와 같은 육체의 실현을 추구하기 위한 것이 아니며 근육의 강한 힘을 기르고자 하는 것도 아니다. 그것은 영혼이 필요로 하는 것과 영혼이 해야 할 책무를 충족시키고 완수시키기 위해 하는 것이다

(…). 곧 영육의 조화로운 성장을 목표로 하는 것이다(…). 체육관 설립은 아주 좋은 표징이다(…). 왜냐하면 훌륭하고 선한 인물들을 배출할 것이기 때문이다."

넥타리오스 성인은 성직자의 품위에 대해서 각별한 주의를 기울였다. 우리는 이미 리자리오에서 성인의 모습을 통해 성직자의 모범적인 품위를 보았다. 성인은 아주 특징적으로 적었다.

"영적인 목자는 집이나 교회나 사회에서 언제 어디서나 성직자다운 품위를 지켜야 한다. 성직의 품위는 성당과 직무 수행에서, 도시와 도로 그리고 걸음걸이에서, 공개된 장소나 혼자만의 공간에서, 그 밖의 어디에서든지 성직자에게 꼭 필요한 요소이다(…). 하느님의 사제로 부름 받고 사회의 스승이 된 사람은 자신이 돌보는 양떼에게 그리스도인의 이상이 되어야 하고 그의 직책에 걸맞게 처신해야 한다. 왜냐하면 하느님께서 양떼를 돌보라고 그를 부르신 것이며 양떼들은 그들의 이상으로서 목자를 바라보고 있기 때문이다. 이 규범에 따라 살지 않고 달리 살아가는 신부는 의도적으로 성직의 품위를 흉내 내려 할지라도, 헛수고에 그치고 만다. 그는 깨진 항아리에서 물을 떠 올리는 것처럼 그의 양떼로부터 공경과 존경을 끌어내려는 어리석음을 범한다. 성직자를 지켜보는 신자들은 성직자의 삶에 대해 엄격한 심판자가 되어 그를 철저히 단죄할 것이다. 단지 엄격한 이들뿐만 아니라 인자한 이들까지도 그를 단죄할 것이다(…). 성직자의 품위는 성직자에게 있어 세상의 어떤 장식보다 귀한 장식이 된다. 언제 어디서나 자신이 드러나게 해 주고 만인의 존경과 공경을 한 몸에 받게 해 준다. 성직자다운 품위를 갖춘 성직자는 신자들의 마음을 편안하게 해 주고 평화를 가져다 주며 그리스도인의 삶의 표본이 된다. 그리스도 신앙의 살아있는 상이 되어 모든 사람들의 모습에 투영된다. 그 상에 따라 복음의 성성이 드러나고 교회 밖의 사람들은 성직자의 모습에 경탄한다. 그들은 '그리스도 교회가 백성의 목자로 세우는 이들을 보고' 감탄하며 우리의 성스런 믿음을 칭송할 것이다. 성직자다운 품위는 경멸을 물리치고 못된 입을 봉쇄하며 모든 곳으로부터 성직자를 보호하여 다치지 않게 한다.

자연에 대한 넥타리오스 성인의 입장은 "올바르고 영광스런 창조물의 사용"이라는 말 속에 함축되어 있다. 성인은 오늘날 "녹색 환경운동"이라 불리는 자연 보호에 각별한 관심을 기울였다. 아울러 "피조물이 그들만의 언어로 창조주 하느님의 지혜와 선에 대해 인간의 영혼에게 속삭인다."고 가르쳤다. 언젠가 수도원의 꽃을 꺾고 있던 아이에게 "파나기아(성모님)의 꽃"을 꺾고 있다고 한 성인의 말씀은 자연에 대한 성인의 시각을 잘 대변한다.

마지막으로, 오늘날 많은 사람들이 수도생활에 각별한 관심을 가지고 있기 때문에 수도주의에 관한 성인의 가르침을 약간 비중있게 다루려 한다. 넥타리오스 성인은 수도주의에 각별한 관심을 가지고 있었다. 그리고 진정한 수도사들을 신자들의 빛으로 생각했다. 이렇게 넥타리오스 성인은 올바른 기초 위에 수도주의의 르네상스를 연 선구자들 중의 한 명이었다. 그 단적인 증거로 성인이 에기나에 세운 수도원과 성인의 영적 자녀들이 곳곳에 세운 많은 수도원들, 그리고 소박하면서도 수준 있고 단순하면서도 분별 있게 쓴 성인의 잘 알려진 136편의 교육편지들이 있다. 디오니시아티스 테오클리토스 수도사는 이렇게 적었다.

"성인은 하느님께로 가는 길을 보증해 주는 검증된 삶의 방법으로, 정해진 규범을 따르는 수도사의 삶을 사랑했다. 성인은 공동체의 규범과 은둔자의 규범을 다 수용하였다. 성인은 특별한 공간이나 방법으로 수련을 제약하지 않았던 자신의 수덕 방법을, 행위를 관상으로 승화시켰던 영적 교부들이 전해준 풍부한 관상이론에 근거한 수덕이 차별화된 방법이라고 보았다(…). 성인은 수도사들이 주의를 기울여 영적 투쟁에 매진하지 않으면 윤리적으로는 주검과 다름이 없어서, 수도원과 교회를 욕되게 만든다고 보았다(…). 에브세비아에게 보낸 장문의 편지에서 성인은 동정의 수녀가 지킬 수덕의 완전한 규범을 만들었다. 속을 깊이 들여다보면, 그것은 성인의 개인적인 수도체험을 여자 수도원에 접목시킨 것이다."

마스트로야노풀로스 일리아스 수(首) 사제도 이렇게 지적한다.

"모든 것에 있어 성인은 실천가였고 안내자였으며 진정한 영적 아버지였다. 성인은 성서와 교부, 기도와 체험의 영감 속에서 살았고 성서적이고 교부적이며 전통적이면서도 현대적이며 세상과 맞닿아 있었다. 언제나 복음을 전제로 하면서도 대 바실리오스 성인과 요한 크리소스톰 성인처럼 정신 건강을 간과하지 않았다." 그 사례로 성인이 에기나의 수녀들에게 몇 가지 훈계를 하였을 때 일정 부분 평신자들에게 해당되는 훈계를 했다. 왜냐하면 모든 신자들의 기본적인 책무는 수녀나 평신자나 동일했기 때문이다.

수도사의 삶의 선택은 하느님의 소명 외에도 그 길을 선택하는 사람의 진지하고도 확실한 개인적인 결정 속에 있다. 왜냐하면 수많은 희생과 끊임없는 투쟁을 요구하기 때문이다. 이렇게 수도사는 하느님에 대한 그의 사랑과 그의 거룩한 삶을 끊임없이 증거해야 한다. 성인은 사도 바울로를 연상시키는 문체로 "에브세비아 수녀에게" 이렇게 적었다. "주님께서 기뻐하실 수 있도록 너의 부름을 확신하고 너의 고백을 지키며 너의 믿음을 보여라. 너의 희망을 보증하고 너의 사랑을 보여주며 너의 삶을 흠 없이 지켜라."

수도사로 서원할 때 이름을 바꾸는 이유에 대해 성인은 두 가지 의미가 있다고 가르쳤다. 하나는 과거와의 완전한 단절을, 또 다른 하나는 새로운 성인의 이름을 받음으로써 그 성인을 본보기로 삼아 살아갈 것을 다짐한다는 의미이다.

정욕에서의 탈피는 신화를 이루기 위한 수도사의 첫 번째 목표이다. "금식과 철야 그리고 기도는 목표를 성취하기 위한 도구이지 그 자체가 목표는 아니다. 너희들은 그 목표를 위해 사막에 나왔다(…). 그러니 영혼의 정욕을 제거하기 위해 투쟁하라."

수도사의 주요 특징 중의 하나는 마음의 비움, 자신의 의지를 포기할 때 가능한 겸손이다. "겁쟁이"라고 여겨질 정도로 성인은 이 겸손의 덕을 생애 내내 행위로 실천했으며 글들을 통해 수녀들에게 그 겸손의 덕을 심어주려 노력했다. 크세니 수녀원장에게 보낸 성인의 편지는 이러했다.

"하느님께서 기뻐하시는 예배와 받아들이시는 제물은 겸손한 혼과 겸손한 마음이지, 교만하고 거만한 혼이나 완고하고 정욕적인 마음이 아니다. 그러니 너희들은 제일 먼저 너희의 에고이즘을 겸손하게 하는 투쟁에 앞장서야 할 것이다."

육체적인 순결 역시 수도사의 기본적인 덕목이다. 성인은 이렇게 적었다. "자신의 몸을 순결하고 흠 없이 보전하고 하느님께서 거하시는 성스런 거처로 만들 때 그리고 영혼을 윤리적인 탈선 즉, 윤리적인 악행으로부터 순수하게 지켜낼 때 동정은 거룩하게 된다." 그러므로 수녀들(또는 수도사들) 역시도 그들 사이의 관계에서 각별한 주의를 기울여야 한다. "나는 나의 책무라 여기고 너희에게 이 편지를 쓴다. 너희는 자신은 물론 상대방을 성스런 존재로, 거룩한 봉헌물로, 그리고 하느님의 형상으로 여기고 각별히 주의하며 존경하기 바란다(…). 사랑의 감정에도 유의하라. 거룩한 자매처럼 서로 사랑하라. 그리고 오직 주님을 향한 공동의 사랑이 너희를 결속시킬 수 있도록 하라." 수도사들은 그들의 영적 아버지들에게 각별한 주의를 기울이고 영적 아버지들을 진정한 공경과 사랑으로 대해야 한다. 그래서 영적 아버지들에 대한 그들의 사랑이 그리스도께로 전해져야 한다. 영적 아버지도 영적 자녀에 대해 이와 같은 사랑이 있어야 한다. 성인은 1907년 리자리오에서 에기나의 수녀들에게 이런 편지를 써 보냈다.

"사랑하는 나의 자녀들아, 나는 너희를 진정 사랑한단다. 너희가 나를 사랑하기 때문이 아니라 너희가 우리 주 예수 그리스도를 사랑하기 때문이란다. 주님을 향한 너희의 일치된 사랑은 너희를 대하는 나의 마음을 뜨겁게 달군단다(…). 너희에 대한 나의 사랑은 주님을 향한 너희의 사랑이 기준이 된단다. 너희가 주님을 사랑하면 할수록 나 또한 너희를 그만큼 사랑하게 되며 너희가 그분을 적게 사랑하면 할수록 나 또한 너희를 그만큼 적게 사랑하게 된단다(…). 영혼 속에 있는 이 사랑은 순수하여 악령이 그 사랑을 악용하거나 음흉하게 움직여 인간적이고 통속적인 사랑으로 바꿔놓지 못한단다."

육체적 노동이 일정 부분 육정을 제어한다는 것은 분명하다. 노동의 성격이 혹시 수도사의 마음에 들지 않는다 해도 그것은 그의 의지를 죽여주기 때문에 결국은 그를 겸손으로 이끄는 역할을 한다. 넥타리오스 성인도 결코 수작업을 멈춘 적이 없었다. 알렉스 모라이티디스가 1916년 티노스의 케호로부니오스의 테오도시아 수녀원장에게 적어 보낸 편지는 아주 특징적이다. "천사의 인물 시소이스 사부는 '우리를 일에서 편히 쉬게 놔두지 않기로' 작정한 것 같다. 나도 언젠가 완덕을 향해 수행하는 펜다폴리의 대주교에게 숲과 물과 새 등이 있는 곳에서 수행을 했으면 좋겠다고 말한 적이 있었다. 그 때 성인은 내게 이렇게 대답했다. '너는 돌이 지천에 깔려있는 아주 척박한 곳을 선택해야 한다.' 사실 성인은 나에게 진리를 말했다. 이렇게 우리는 우리가 좋아하는 일에 만족하도록 우리 자신을 놔두어서는 안 된다."

수행 투쟁의 정도는 각별한 주의를 요망한다. 왜냐하면 지나친 수행은 많은 위험을 내포하고 있기 때문이다. 투쟁을 위한 기본 전제는 육체적 건강이다. 성인은 이와 관련해서 이렇게 적었다. "우리가 육체를 힘들게 다루는 이유는 영혼에 불필요하기 때문이 아니라 영혼에 반하지 않고 영혼의 유익에 자발적으로 따르게 하기 위한 것이다. 몸을 지나치게 혹사시켜 영혼에 불필요한 존재로 만드는 사람은 오히려 영혼을 육체의 종이 되게 만드는 것이다." 따라서 성인은 육체적 건강의 필요성을 각별히 강조한다. "너희가 영적으로 일을 하기 위해서는 너희의 육체적 건강이 필요하다(…). 모든 슬기와 지혜를 다해 분별 있게 행동하고 지나친 방법은 피할 것을 충고한다. 수행의 엄격함은 덕의 기준과 병행한다(…). 만약 너희가 건강하다면 너희는 성장할 것이고 건강하지 못하다면 너희의 수고는 헛되게 된다. 그러니 인간의 한계를 넘어서지 않도록 해라. 하느님은 강압에 의해 은총의 선물을 주시는 것이 아니라 당신이 원할 때 주시니 그 점을 잊지 말고 꼭 명심하기 바란다." 수도생활을 하는 수녀들의 건강에 대한 성인의 관심은 수녀들에게 해 준 일상적 또는 개인적인 충고 속에서 그대로 나타난다.

넥타리오스 성인은 수녀원장의 역할이 수도 공동체 성공여부의 촉매제가 된다고 보고 각별한 주의를 수녀원장에게 부탁했다. 1907년 3월 크세니 수녀원장에게 보낸 편지에서 성인은 이렇게 적었다.

"그대가 이웃의 마음을 즐겁게 해 준다면 모든 것을 버리고 오직 그대에게서 영적 즐거움을 희망하는 자매들의 기쁨은 오죽하겠는가. 그대는 분명 하느님을 기쁘게 하는 것이다(…). 수도원의 책임자는 자신이 아닌 그곳의 공동체를 위해 사는 것이며 공동체를 위해 그렇게 살아갈 때 그는 하느님을 위해 살아가는 것이다. 하느님께서는 그런 그의 삶을 당신이 기뻐하시는 희생 제물로 받아들이신다."

성인은 일반적인 수도생활의 기본을 다음과 같이 요약했다. "수도생활의 기본을 나는 이렇게 강조한다(…). 첫째, 자기 부정이다. 이것은 자기의 뜻을 죽이고 순종하는 결과를 가져온다. 둘째, 인내와 겸손 그리고 이에 수반되는 것들이다. 셋째, 기도와 분별이다."

마지막으로, 수도사는 자신의 영적 투쟁이 성공하리라고 희망해야 한다. 그리고 자신에게 부족함이 보이거나 자신이 부족하다고 생각될지라도 절망에 빠지거나 체념해서는 안 된다. 끊임없이 노력하면서 하느님의 자비를 지속적으로 간구하여야 한다. "과거의 잘못을 계속해서 범한다 해도 절망하지 마라. 그것들은 천성적이거나 잘못된 습관에서 나오는, 쉽게 고쳐지지 않는 것들이다. 하지만 오랜 세월 끊임없이 수행을 하다보면 자연스럽게 사라진다. 너희를 절망하게 할 것은 하나도 없다. 구하라, 그러면 얻을 것이다."

우리가 위에서 간략하게 언급한 넥타리오스 성인의 가르침을 종합해 보면 펜다폴리의 대주교는 교회의 교부로서 시의적절하게 "진리의 말씀을 올바르게 해석한" 분이었다.

　넥타리오스 성인의 주요한 가르침을 전한 이 장을 마치기 전에 리자리오 신학교의 책임자로 재직하면서 성인이 에기나의 수녀들에게 보낸 현존하는 편지의 일부를 발췌해 기술하고자 한다. 왜냐하면 수녀들의 영적 성장에 대한 지대한 관심과 그녀들의 육체적 건강에 대한 걱정이, 그리고 넥타리오스 성인이 얼마나 지혜로운 영적 스승이었는지가 그 편지 속에 잘 담겨져 있으므로 우리에게 많은 유익이 될 것이기 때문이다.

　　주님 안에서 사랑하는 자녀 에카테리나, 반갑구나.
　　너의 편지를 받고 그곳에 있는 너희들의 사정을 잘 알게 되었구나. 몸이 아프다는 너의 소식은 내 마음을 아프게 했단다. 특히 그곳 겔리의 습기로 인해 너희들 모두 추위에 떨고 있었다는 사실이 내 마음을 슬프게 했단다. 돈이 조금 밖에 없어 겔리를 고칠 수 없는 상황이었다면 진즉 나에게 편지를 써서 폐렴이나 목숨이 위태롭지 않도록 내가 너희에게 돈을 보낼 수 있도록 해야 하지 않았느냐. 아니면 내 생각을 한다고 편지를 쓰지 않은 것이냐? 너희의 그런 생각에 나는 참으로 놀라움을 금할 수가 없구나. 너희의 건강을 지키기 위해 그곳 상황을 알리고 나에게 필요한 돈을 요청하는 것이 어찌 나에게 폐를 끼치는 일이라고 생각했단 말이냐? 이 일은 너희가 처신을 아주 잘못한 것이다. 너희는 필요한 경비를 나에게 요청했어야만 했다. 건강은 우리가 최우선으로 지켜야할 것이다.

(중략)

그 누구도 병과 함께 하면서는 영적 성장을 이룰 수 없음을 인식하고 즉시 건강을 챙겨 영적 성장에 매진하기 바란다. 수행하는 이들이 건강하지 못하면 쉽게 지쳐 포기하게 되는데 그것은 완덕에 이르는 사람들에게 자양분이 되는 윤리적 힘마저 쇠약해지기 때문이다. 수행하는 자들에게 건강은 경기가 끝날 때까지 선수를 운송해 주는 자동차와 같다. 그러므로 너희는 모든 슬기와 지혜를 다해 분별 있게 행동하고 지나친 방법은 피할 것을 충고한다. 수행의 엄격함은 덕의 기준과 병행한다. 높은 윤리적 덕을 갖추지 못한 자가 성인과 같은 완덕에 이른 수행자와 경주하려고 노력한다면 그는 허영과 추락의 위험에 노출될 것이다. 그러니 너희는 처음 시작한 수련생처럼 겸손한 마음으로 수행에 임해 하느님의 자비가 너희를 보호할 수 있도록 해 주기 바란다.

나는 너희 각자가 겸손한 마음으로 자신을 살피고 하느님의 뜻을 헤아려 주길 소망한다. 그리고 상대방의 부족함을 판단하거나 비판하고 비난하지 않기를 엄중하게 부탁한다. 왜냐하면 그것은 상대방의 슬픔을 자아내고 그 슬픔은 이별의 시작이 되기 때문이다. 만약 너희 중 어떤 자매가 문제를 일으키게 되면 너희는 그녀의 잘못을 지적하는 고자세가 아닌 사랑스런 마음으로 조언해 주어야 한다. 그래서 그녀가 상처받지 않고 너희의 조언을 받아들이도록 해야 한다. 만약 그녀의 마음이 평안을 얻지 못하면 나에게 편지를 띄우기 바란다. 그러면 내가 그녀의 마음을 진정시킬 것이다.

영적인 것을 추구하고, 육적인 것이 영적인 유익에 도움이 되도록 신경써주기 바란다. 지금 이 충고는 카테리나 너를 위해 쓰는 것이다. 왜냐하면 지금 너는 병 중에 있어서 빨리 쾌차해야 하기 때문이다. 너는 필리오에게 앙겔리키의 경우처럼 너를 병원에 데려다 달라고 부탁하기 바란다. 그리고 그곳에서 추위 때문에 생긴 병이 있는지 검사를 하고 의사의 처방을 받기 바란다. 만약 너희들이 건강하다면 영적으로 성장하겠지만, 건강하지 못하다면 너희의 수고는 허사가 되니 각별한 주의를 기울여주기 바란다.

금식에 관한 주제는 너희의 건강과 밀접하게 병행되어야 한다. 금식으로 인해 건강을 제대로 지키지 못한다면 병든 몸을 치료하기 위해 어쩔 수 없이 수도원을 떠나 도시로 내려가야 하는 상황이 발생할 수 있기 때문이다. 음식이 너희를 하느님 곁에 두지 않게 만드는 셈이다. 만약 너희가 병에 걸려 도시로 돌아가야 하는 것보다는 수도원에서 기도하면서 너희의 건강에 필요한 온갖 음식을 먹는 것이 더 좋은 일이라고 생각한다.

(중략)

순수한 마음으로 정진하고 서로 죄를 고백하기 바란다. 진심으로 너희 모두를 위해 기도하며 너희가 건강해졌다는 소식을 들을 수 있길 바란다. 크리산티 어머니가 수입이 생기고 또 여름이 올 때까지 5드라크마를 보낼 것이니 크리산티 자매에게 그렇게 전해주기 바란다. 엘레니 제르불라쿠 부인에게도 정기적으로 10드라크마씩 보낼 것이니 그렇게 알기 바란다.

토마 주일 이후에 너희를 보러 그곳에 갈 수 있도록 신경을 쓰마.

(중략)

너희에게 체온계와 약간의 박하 그리고 키니네 약을 보내마.
그럼, 주님 안에서 모두 건강하게 잘 지내도록 해라.

           1905년 3월 7일 아테네
         영적 아버지인 펜다폴리의 넥타리오스

다음 편지는 그 중요성에 비추어 편지 내용 전체를 인용하려고 한다. 이 편지는 모든 사람이 들을 수 있게 큰 소리로 읽혀졌다.

 주님 안에서 사랑하는 자녀 크세니
 영적 아버지로서 언제나 잘 지내고 있기를 기원하마.

어제 아말리아, 마리카 그리고 제르불라쿠 부인이 나를 방문했는데 너희들이 아프다는구나. 네가 아프다는 소식은 내 마음을 슬프게 했단다. 하지만 엘레나가 어제 나에게 전한 너의 지나친 무기력은 슬픔을 떠나 나의 마음을 근심으로 바꿔놓았단다. 그래서 나 자신도 모르게 내 마음속에 불쾌한 감정이 싹텄고 나를 실의에 빠뜨렸단다. 그것은 아마도 정욕과 세상적인 것에서 아직 완전히 벗어나지 못한 자매들로 인해 네가 병을 얻게 될 것이라는 나의 그릇된 생각에 기인한 것 같구나. 나는 나의 이런 생각이 잘못된 것이길 진심으로 바란다. 하지만 행여 그것이 전체 혹은 일부분, 아니 조금이라도 사실임이 드러난다면 나는 깊은 슬픔 속에 빠지고 말 것이다. 나는 주님 안에 있는 사랑하는 크세니와 너희 자녀들 모두를, 기름을 준비 한 채 등불을 가지고 그리스도의 영광의 신방으로 들어갈 준비가 되어있는 현숙한 동정녀로 생각하고 있단다. 그리고 어느 때라도 "신랑이 오신다"는 소리에 등불을 들고 그분을 마중 나갈 채비를 갖추고 있다고 생각하고 있단다. 그래서 나는 이런 확신을 갖고 나를 근심스럽게 만드는 생각을 버릴 것이다. 그것은 또한 옳은 생각이 아니다. 왜냐하면 자신이 사랑하는 신랑, 그리스도를 맞이하는데 자신에게 꼭 필요한 등불에 신경 쓰지 않을 동정녀는 없기 때문이다. 또 기름을 준비하기 위해 시장에 가는 것처럼, 사막으로 수행을 떠나놓고 수행은 안하고 면청을 피울 이도 없기 때문이다. 만약 기름을 사서 준비하지 않을 것 같으면 무엇 때문에 세상 밖으로 나간단 말이냐? 기름이 없는데 무엇 때문에 다른 부차적인 수고를 한단 말인가? 주님께서 기뻐하시는 영혼을 돌보지 않으면서 어떻게 지혜롭다 할 수 있겠느냐? 온갖 신경과 주의를 기울여 자신을 살펴 에고이즘 속에 숨어있는 영혼의 정욕을 보지 않으면서 어떻게 주님을 위해 투쟁하고 또 주님께서 기뻐하신다 말할 수 있겠는가?

　주님 안에서의 사랑하는 나의 자녀들이여, 나는 너희 모두가 현숙한 동정녀라고 생각한다. 하지만 나에게 생긴 근심 걱정을 떨쳐 버리고 내 마음을 안정시키기 위해 나는 나의 업무를 잠시 접고 너희에게 이 편지를 쓰기로 했다. 너희에게 진실로 부탁하니 너희는 자기 자신을 잘 살펴 태만하게 수행의 삶을 보내지 않기 바란다. 왜냐하면 태만을 통해 모든 것이 황폐되기 때문이다. 너희 자신을 제대로 살피지 못하고 하는 금식과 기도는 영혼을 돌보는 것이 아니며 그 수고도 원하는 열매를 맺지 못한다. 금식과 철야 그리고 기도는 목표를 성취하기 위한 도구이지 그 자체가 목표는 아니다. 너희들은 그 목표를 위해 사막으로 나왔다. 너희는 나의 이 말을 언제나 기억해 주길 바란다. 그러면 너희는 너희의 사명에서 벗어나지 않을 것이며 너희가 추구하는 목표를 이룰 것이다. 왜냐하면 많은 금식주의자들과 육적인 수행자들이 수단을 목표로 생각하고 방법에만 매달려 결국 목표를 이루지 못하고 헛된 시간만 낭비했기 때문이다.

덕의 기름을 통해 등불을 장식하고 영혼의 정욕을 내쫓기 위해 투쟁하라. 너희의 마음을 깨끗이 하고 언제나 순결하게 유지하라. 그리고 그 마음속에서 온갖 더러움을 빨래터의 잿물로 씻어내라. 성서에 따르면 "나는 그들 가운데서 살며 그들 사이를 거닐 것이다. 나는 그들의 하느님이 되고 그들은 내 백성이 되리라."라고 주님께서 말씀하셨다. 성령께서 그들에게 당신의 선물을 넘치게 주듯이 그 분의 은총의 열매가 그들을 풍성하게 장식할 것이다.

주님 안에서의 사랑하는 자녀들이여, 이 모든 것에 너희의 모든 관심과 생각이 집중되기 바란다. 이것이 너희의 목표가 되며 이것이 너희의 끝없는 열망이 되기 바란다. 너희의 모든 의식이 이것을 위해 성 삼위 하느님을 향하고 이것을 위해 자비의 문을 두드리기 바란다. 그러면 너희에게 문이 열릴 것이다. 온 마음을 다해 주님을 찾아라, 그리고 그분을 찾으면 케루빔과 세라핌처럼 경외하는 마음으로 서라. 왜냐하면 너희의 마음이 하느님의 옥좌가 되었기 때문이다. 하지만 주님을 찾기 위해선 바닥까지 낮게 엎드려야 한다. 왜냐하면 주님께서는 교만한 자들을 싫어하시고 겸손한 마음을 가진 이를 사랑하시고 돌보시기 때문이다. 그래서 주님께서는 이렇게 말씀하셨다. "내가 굽어보는 사람은 억눌려 그 마음이 찢어지고 나의 말을 송구스럽게 받는 사람이다." 너희의 마음을 살피는 것이 너희의 일이 되게 하라. 그리고 그 마음속에 악을 배양하는 교만이 독을 주입하는 뱀처럼 둥지를 틀지 않게 하라. 마음속의 그 독이 모든 덕을 독으로 물들여 마침내 고사시키기 때문이다. 사악한 이것에 대해 너희는 모든 관심을 기울이고 밤낮 할 것 없이 이것에 대한 연구가 너희의 일이 되게 하라. 왜냐하면 이것은 언제 어디든지 뱀처럼 둥지를 틀어 모든 것을 독으로 물들일 수 있기 때문이다. 내가 감히 말하지만, 자신을 살피는 것과 마음의 엄밀한 탐구는 마음속에 숨어있는 교만과 그것의 새끼들을 찾아 쫓아내는 일이다. 나는 내가 말하는 것이 진리에 부합된다고 생각한다. 왜냐하면 교만을 벗어내면 그것에 상응하는 겸손을 얻을 것이고 겸손이 우리 마음속에 자리 잡게 한다면 우리는 모든 것을 다 얻는 것이 되기 때문이다. 왜냐하면 겸손은 기중기와 같아 다른 모든 덕들을 높이 들어 올려주기 때문이다. 만약 겸손 속에 모든 덕들이 들어있지 않다고 한다면 겸손은 모든 덕을 함께 올려주는 기중기가 될 수 없다. 왜냐하면 덕의 일부만 따로 올릴 수 없기 때문이다.

따라서 그리스도에 따른 진정한 겸손이 있는 곳에는 모든 덕이 함께 한다. 그래서 겸손은 기중기이다. 그러므로 너희는 이 겸손을 추구하고 이 겸손을 사랑하며 땅에서 천상으로 높이 들어 올려 질 수 있도록 이 겸손을 가슴 속 깊은 곳에 담아 살아가기 바란다. 이 겸손이 없을 때 교만과 교만의 새끼들은 서로 힘을 합쳐 하늘로 오르려는 너희를 은밀히 방해하고 땅으로 끌어내려 너희가 추구하는 사명을 수포로 만들고 말 것이다.

　내가 이른 새벽에 일어나 모든 업무에 앞서 이 편지를 너희에게 쓰는 이유는 내 마음속에 있는 근심을 가라앉히기 위한 것이다. 나는 너희 각자가 높이 들려지기를 원하며 또 그런 소식이 들리기를 희망한다. 왜냐하면 나는 그것에서 기쁨을 느끼기 때문이다. 너희에 대한 나의 모든 보살핌과 관심은 수도원의 성장과 완성에 있다. 예기치 못한 너희의 슬픈 소식은 나의 가냘픈 영혼에게 적잖은 영향을 미친단다. 아버지와 같은 심정으로 이 모든 것을 적어 보낸다. 그럼, 하느님의 은총이 언제나 너희 모두에게 내리길 기도하마.

1905년 11월 11일
영적아버지, 펜다폴리의 넥타리오스

성인은 아래 편지에서 수녀들에게 건강에 대한 구체적 실천 방안을 조언한다.

　주님 안에서의 사랑하는 자녀 크세니에게,
　크세니와 그곳의 자매들에게 건강과 시련을 이겨내는 인내가 함께 하기를 기원한다.

　너희가 병과 추위에 고통 받고 있다고 에피미아의 어머니가 내게 전해 주었단다. 날씨가 좋으면 내가 그곳에 가서 너희를 위로해 주

런만 안타깝게도 이곳 아테네에 영하 8도까지 내려가는 한파가 몰아쳐 도저히 그곳에 갈 수가 없구나. 내가 그곳에 가면 특별히 아카키아를 위로하고 그곳에 놔두고 온 주님의 십자가 나무와 성인들의 성해로 그녀를 축복해 주려 했는데 안타깝구나. 그러니 크세니 수녀원장은 나의 지시에 따라 수도원의 각 성인의 성해로 그녀를 축복하고 그곳의 자매들과 함께 그녀가 빨리 쾌차할 수 있도록 성인들께 간구하길 바란다. 마음은 간절하나 그곳에 갈 수 없는 나는 이곳에서 그녀를 위해 기도를 드리고 있단다. 그녀의 상태는 추위와 습기로 인한 거란다. 그녀가 빨리 병중에서 일어나 쾌차하길 진심으로 기원하마.

　마리아도 추위 때문에 기침을 한다고 들었다. 오늘 약 4병을 사서 보내줄 것이니 2병은 마리아에게 전해 주거라. 그 약을 먹고 마리아의 감기가 완전히 나으면 좋겠구나. 추위는 옷을 단단히 챙겨 입으면 괜찮을 것이니 그렇게 걱정을 하지 않아도 될 것이다. 그리고 잠시 밖의 신선한 공기를 마시는 것도 마리아에게 도움이 될 것이다. 마르가리타도 몸이 많이 약해졌다고 들었다. 그녀에게도 나머지 약 두 병을 전해 주기 바란다. 그녀도 마리아처럼 우유와 계란 그밖에 건강에 필요한 음식을 모두 섭취하라고 일러주기 바란다.

(중략)

　성가를 부르는 자매들은 발성 기관이 다시 본래의 체온으로 돌아올 때까지는 예배 후 바로 성당 밖으로 나가지 말거라. 그리고 성당 밖으로 나왔을 때는 말을 하지 말고 바로 켈리로 돌아가거라. 그곳에서 15분 정도가 지난 후 작은 컵으로 미지근한 물 한잔을 마시기 바란다. 그곳의 나머지 자매들은 그다지 건강에 큰 문제는 없지만 아픈 자매들을 가슴 아파하며 함께 고통을 나누고 있다는 말을 들었다. 그래서 나는 너희의 빠른 쾌유와 인내를 기도하고 있단다. 그리고 나는 성모님께 너희 모두를 치유해달라고 간구했단다. 그리고 그 감사의 표시로 성모 찬양송을 오늘 이 순간부터 출판하기로 약속했단다.

그럼, 잘 지내기 바라고 너희 모두를 위해 하느님께 기도하마.

1907년 1월 15일 아테네
펜다폴리의 넥타리오스

성인은 인간의 나약함에 대한 심오한 진리도 편지에 담았다. 성인은 이렇게 적었다.

"… 사랑의 감정이 깊어질 때 각별한 주의를 기울이기 바란다. 왜냐하면 마음을 달궈주는 순수한 기도로부터 힘을 얻지 못하는 사랑은 위험에 빠지기 때문이다. 그 사랑은 육적이고 부자연스러우며 정신을 흐리게 하고 마음을 흥분시킨다. 나는 그런 일이 생기지 않길 간절히 바란다… 너희는 거룩한 자매처럼 서로 사랑하고 오직 주님을 향한 일치된 사랑으로 하나 되기 바란다.

성인은 그의 마지막 26번째 편지를 크세니 수녀원장에게 보냈다. 편지의 내용은 이러했다.

"… 나는 네가 멜랑콜리에 빠지지 않기를 바란다. 왜냐하면 그

말년의 성인

것은 자매들의 마음에 큰 상처가 될 것이기 때문이다. 만약 네가 자매들에게 기쁨이 된다면 너의 상급은 무척 클 것이다. 나는 너에게 그것을 실천하라고 충고한다. 왜냐하면 나 역시 그것을 내 인생의 원칙으로 삼고 살아왔기 때문이다. 나는 나의 영적 자매들도 그것을 원칙으로 삼아 살아가길 소망한다. 그대가 이웃의 마음을 즐겁게 해 준다면, 모든 것을 버리고 오직 그대에게서 영적 즐거움을 희망하는 자매들의 기쁨이야 오죽 하겠는가. 그대는 분명 하느님을 기쁘게 할 것이다 그것은 그대의 오랜 기도와 엄격한 금식보다 분명코 하느님을 더욱 기쁘게 하는 일이 될 것이다. 나는 너희가 에고이즘에 강력히 투쟁할 것을 조언한다. 왜냐하면 에고이즘은 머리 하나를 자르면 다른 모습과 성격을 가진 또 다른 머리가 생겨나오는, 정복하기 쉽지 않은 히드라(구두사)와 같기 때문이다. 그래서 우리가 세상과 또 그 안의 모든 것을 버리고 육체적인 쾌락을 부정하며 육적인 의지를 죽이기 위해 육체를 혹사 시키는 도중에, 어느 순간 갑자기 정신병처럼 또는 불복과 항명, 슬기와 지식, 지혜와 자족, 그리고 불평 같은 아주 흔한 모습으로 에고이즘이 나타난다. 과연 이들 중 내가 무엇을 가장 우선 순위에 두어야 할지… 이렇게 에고이즘의 흉악한 모습은 다양한 모습 속에 숨겨져 있다."

21. 천상의 고향으로의 이주

우리가 이미 언급한 대로 성인의 건강은 언제나 좋지 못했다. 생의 말년에는 그 정도가 더욱 심했다. 1915년 수녀들은 영적 아버지의 모습을 기억할 수 있도록 사진 한 장만 찍게 해 달라고 성인께 간절히 부탁했다. 결국 성인은 그녀들의 간절한 부탁을 받아들였고 수녀들은 대주교 제의를 입고 성찬예배를 집전하던 당시의 성인의 모습을 사진 속에 담았다. 사진 속에 나와 있는 성인의 모습은 당시 성인의 건강상태가 어땠는지 단적으로나마 보여준다. 성인의 지병인 전립선은 적어도 1919년 초

마지막 성찬예배를 집전하시던 모습

부터 악화되기 시작했다. 하지만 성인은 수녀들이 상처받을까봐 그 사실을 숨기고 있었다. 건강이 좋지 못했던 당시 고령의 74세 성인은 유사시를 대비해 손수 1920년 1월 2일 유언장을 작성했다. 그것은 성인이 세상을 떠난 후에도 수녀들이 기본적으로 생활할 수 있도록 누군가(특별히 성인의 친척)의 도움을 예비해 둔 것이었다.

넥타리오스 성인이 유언장을 작성한 바로 그 날 성인을 따르던 제자, 코스타스 사코풀로스는 아테네에서 성인에게 이렇게 편지를 띄웠다.

"아라반디노스씨께서 대주교님께 인사를 전해 달라고 제게 부탁하셨습니다. 그리고 당신께서 아파 고생하신다는 소식을 듣고 무척 마음 아파하셨습니다. 아라반디노스씨께서는 대주교님께서 이곳으로 빨리 오셔서 치료를 받으시기를 진심으로 부탁하셨습니다."

하지만 성인은 모든 사람들의 요청에도 불구하고 그들의 청을 받아들이지 않았다. 오히려 그 통증을 하느님의 선물로 여기고 고통을 감내하고 있었다.

8월 15일이 지나자마자 성인은 자신의 생이 다 되었음을 느끼고 이웃에 있는 크리소레온디사 수도원을 방문했다. 그곳에 있는 테오토코스(성모님)의 기적 이콘에 예를 표하고 오랜 시간 신심을 다해 기도했다. 성인을 동행했던 아타나시아 수녀와 에피미아 수녀 그리고 아가피아(넥타리아) 수녀는 그곳에서 돌아오던 길에 "성모님의 손"이라는 곳에 도착하자 성인이 동서남북과 성인의

크리소레온디사 수도원에서
기도하시는 성인

수도원과 그리스도인들을 축복한 후 그의 죽음을 예언했다고 증언했다.

1920년 9월 20일, 마침내 성인은 많은 사람들의 뜻을 받아들였다. 그래서 아레테이오 병원에 입원하러 아테네로 향했다.

언젠가 성인이 비잔틴 음악을 교육시키기 위해 수녀들을 비잔틴 성가의 대가 니콜라오스 보치씨에게 보낸 적이 있었다. 그런데 보치씨의 딸은 성인이 마지막으로 에기나를 떠날 때의 순간을 또렷이 기억하고 있었다. 그것은 분명 성인이 자신의 생을 예견하고 있음이 확실했다. 그 내용은 이러했다.

"성인이 아레테이오 병원에 입원하기 위해 에기나의 항구로 내려왔다. 피레아로 향하는 배를 타기 위해서였다. 많은 에기나 사람들이 성인을 그곳까지 배웅했다. 그들은 진심으로 성인의 빠른 쾌유를 빌었고 빠른 시일 안에 섬에서 다시 뵙기를 기원했다. 그들 사이에는 내 아버지도 있었다. 아버지는 성인의 손에 입을 맞추려 고개를 숙였다."

"대주교님, 조심해서 다녀오십시오. 그리고 빠른 시일 내에 건강하신 모습으로 다시 뵙겠습니다."

그 때 성인이 내 아버지의 귀에 입을 갖다 대고 이렇게 속삭였다.

"니콜라스, 나는 다시 살아서 돌아오지 못할 걸세… 내 말 무슨 말인지 잘 알겠지…"

성인은 대주교의 위치에 있으면서도 병원 1등실이 아닌 가난한 이들이 사용하는 3등실에 입원했다. 그곳 병원의 의사 안드리코풀로스가 작성한 "사망증명서"(증서번호 287/$\Sigma T'$/20)는 성인이 오랜 세월 "방광염과 전립선 비대"로 고통 받아 왔음을 보여준다. 성인의 간호는 에피미아 수녀와 – 초창기에는 아가피아 수녀도 – 성인을 충심으로 따르던 코스타스 사코풀로스가 맡아서 했다. 한편 앙겔로스 니시오티스와 판델레이몬 포스티니스, 이에로니모스 시모노페트리티스와 다른 일부사람들이 자주 성인을 방문했다. 동시에 수녀들은 수도원에서 밤낮을 가리지 않고 그들의 영적 아버지이며 보호자인 성인의 건강을 회복시켜달라고 하느님께 기도를 올렸다. 특히 크세니 수녀원장은 성인의 건강을 기원하는 성가를 3조곡으로 만들어 다음과 같이 불렀다.

"하느님의 은총을 받으신 흠 없으신 동정녀시여, 당신의 성스러운 전수자를 모든 적들의 흉계와 고통 그리고 실의로부터 보호하시고 지켜주소서. 위험에 빠져 있는 그를 구해 주시고 병중에 있는 그를 치유하소서. 그래서 순결하신 이여, 그가 기쁨 속에 당신의 이름을 찬미하고 끊임없이 당신의 위대함을 드높이게 하소서."

성인은 성 게오르기오스 소 성당의 사제가 그곳에서 성찬예배를 드릴 때마다 주님의 거룩한 몸과 피를 받아 모시며 그런 경우에 흔히 있는 외과 수술도 받지 못한 채 50여 일 동안 인고의 시간을 보냈다. 특히 여생의 마지막 주간에는 고열로 인해 고통이 배가 되었다.

수녀들은 수도원에서 간절한 마음을 담아 계속해서 하느님께 기도를 드렸다. 그리고 전화가 없었던 그 시절 아테네에서 그곳을 방문하는 사람이 있을 때마다 성인의 상태에 대한 새로운 소식을 들으려 노심초사 하였다. 언젠가 성인의 건강이 좋아지고 있다는 소식을 접한 수녀들은 무척 기뻐한 적이 있었는데 크세니 수녀원장만은 예외였다. 왜냐하면 그녀는 성인이 곧 잠들 것이라는 것을 알았기 때문이다. 성인이 지난 밤에 그녀의 꿈에 나타나 다음과 같이 말했기 때문이다.

"나는 이제 하늘로 올라갈 거야. 그래서 너희에게 마지막 인사를 하러 왔단다."

실제로 성인은 아무도 예상하지 못한 채 갑작스럽게 죽음을 맞았다. 1920년 11월 8일 주일 밤 10시 30분에 성인은 영원한 안식과 기쁨을 누리기 위해 창조주 하느님께 그의 영혼을 맡겼다. 그리고 성인의 존귀한 주검은 성화를 위해 신자들에게 넘겨졌다. 성인이 잠든 후 첫 번째 기적이 그 때 일어났다. 간호사들과 에피미아 수녀가 성인이 영면한 후 기름이 흘러나오는 존귀한 성인의

안식하신 성인

유해를 정리하기 위해 성인의 옷을 옆 침대 위에 놓자, 그 순간 하지 마비로 고생하던 그 침대의 환자가 깨끗이 나은 것이다. 또 당시 아레테미어 병원에서 의대 학생으로서 수련의 과정에 있었던 의사 카라플리의 개인적인 증언에 의하면 성인이 잠든 후 성인에게 사용되었던 거즈에서 아름다운 향이 풍겨 나와 관계자들이 그 거즈를 버리지 않고 땅에 묻었다고 전한다. 성인의 침상은 그 시간부터 6개월 동안 그 어떤 환자에게도 제공되지 않았다. 성인이 묵었던 병실은 오늘날 조그마한 몇 개의 방들로 나뉘었다. 그리고 성인의 침상이 있었던 자리는 두 번째 방의 남서쪽 구석인 창문 옆에 있다. 언제나 등불로 밝혀져 있는 그곳에 세워진 이콘대(성상대)는 위대한 성인의 마지막 장소를 상기시켜 준다.

성인의 존귀한 유해는 방부처리 되지 않은 채 병원의 소 성당으로 옮겨질 때까지 병실에 11시간 동안 그대로 머물렀다. 소 성

성인의 형 하랄람보스의 아들

당으로 옮겨진 후에는 2시간 동안 그곳에 머물렀다. 아침 11시 성인의 조카 테미스토클리스 케팔라스는 관청에 가서 성인의 사망을 신고했다. 리자리오 신학생들과 학교에 새로 부임한 크리소스토모스 파파도풀로스 학장이 성인을 리자리오 신학교에 이웃한 곳에 안장하자고 강력히 주장했지만 조카는 에기나에 성인을 안장하는 허가를 받았다. 이렇게 성인의 유해는 앙겔로스 니시오티스 사제와 코스타스 사코풀로스 그리고 성인의 세 명의 조카들 - 성인의 형제인 하랄람보스의 자식들 - 이 수행하는 속에 마차에 실려 싱그루 길을 거쳐 피레아 항구로 운구 되었다. 성인을 에기나로 운구할 선박 "프테로티"를 기다리는 동안 성인의 유해는 잠시 성 삼위 성당에 안치되었다. 그곳에서 사람들이 성인에게 마지막 인사를 할 수 있도록 관을 열었다. 그 순간 성인의 얼굴에서 엄청난 기름이 흘러 나온 것이 확인되었다. 그 기름의 양은 성인의 머리카락조차 흠뻑 물들였다. 그것은 성인이 잠든 후 두 번째로 보인 성성의 기적이었다. 에기나까지 성인 운구 행렬에 동참했던 성 삼위 성당의 알렉산드로스 프시코요오스 담임사제는 후에 이렇게 증언했다.

성 넥타리오스 성당에 있는 성인 안식 이콘

 "교구 본당인 성 삼위 대성당으로 성인이 운구 되었을 때 성당은 알 수 없는 성성의 향기로 가득 찼다. 이 기이한 현상은 피레아에서 에기나로 성인을 운구하던 내내 지속되었다. 에기나에서 피레아로 돌아오는 배에서도 그 향기는 여전히 넘쳐흘렀다."

 성인을 운구하던 배에는 아티키의 설교사제 판델레이몬 포스티니스 수(首) 사제와 리자리오 신학생 대표, 그리고 다른 사람들도 함께 동행했다. 마침내 배는 에기나 선착장에 오후 3시 45분에 도착했다. 교회의 종들이 슬픈 조로 타종을 하는 가운데 성직자와 관계기관, 선생님들과 학생들, 그리고 그곳의 주민들이 향과 꽃을 들고 눈물을 흘리며 성인을 마중했다. 그 순간 전례 없는 장례의식이 시작되었다. 어부와 인부들, 회사원과 농부, 점원 등 2백여 명이 넘는 사람들이 6킬로미터 떨어져 있는 수도원까지 성인의 관을 운구하겠다고 앞다투어 나선 것이다. 결국 구청장과 일부 사람들이 나서서 그들을 4개조로 나눴다. 그들 모두 성인의 유해를 운구하고 성인의 축복을 나눠 받기 위해서였다. 성인을 운구했던 사람들은 모두 성인의 무게감을 거의 느끼지 못했다. 성인의 장례 행렬이 지나가는 길목의 창문들에는 초와 향이 피어 오르고 있었고 주민들은 창문에서 꽃을 뿌리며 그들의 "대주교"의 죽음을 기렸다. 시간이 흘러 황혼이 질 무렵 운구행렬은 수도원에 도착했다. 그리고 그곳에서 세 번째 기적이 일어났다. 당시 사바스 수도사제가 – 칼립노스 섬의 새 성인 – 영대와 오모포로 (주교제의의 하나인 어깨덮이)를 성인에게 입히려 하자 성인이 고개를 숙인 것이다!

수도원은 사람들로 인산인해를 이뤘다. 모든 계층의 사람들이 꼬리에 꼬리를 물며 그곳으로 모였다. 그들은 모두 성인의 장례식에 함께 하고자 했으며 함께 기도를 올리고 함께 밤을 새며 함께 울어줄 사람들이었다.

어린 소녀처럼 울고 있던 공동체 수녀들과 그곳에 모인 수많은 군중 속에서 유독 앞을 보지 못하는 시각 장애인 수녀원장 크세니가 눈에 띠었다. 그러던 어느 순간 크세니 수녀원장은 평안하고 고결한 자태로 살짝 잠들어 있는 듯한 그녀의 영적 아버지요 인도자며 은혜자요 보호자인 성인의 관 앞에 가까이 다가섰다. 그리고 앞을 보지 못하던 그녀는 그곳에 조용히 서서 성인의 이

마에서 흘러나오는 땀-기름의 아름다운 향기를 맡았다. 그리고 세 번 십자성호를 한 뒤 이렇게 외쳤다.

"우리들의 아버지는 돌아가시지 않았습니다. 그분은 살아서 우리를 지켜보시며 오늘밤 우리를 위해 기도해 주실 것입니다. 우리 수도원은 앞으로 크게 성장할 것이며 주님께서 지켜주실 것입니다. 성인께서 살아계셨을 때 우리는 그분을 누렸습니다. 성인께서는 생전에 우리의 등대이자 인도자가 되어 언제나 우리에게 이렇게 예언하셨습니다. '나의 딸들아, 몇 년 후에는 황량한 이곳에 수많은 사람들이 찾아와 봉헌을 하고 촛불을 밝힐 것이다.' 그런데 무지한 우리는 성인의 그 말씀을 깨닫지 못하고 '혹시 대주교님께서 정신이 이상해지셨나?' 하며 근심어린 의심을 했습니다. 나의 자매들이여 울지 마십시오. 나의 형제들이여 슬퍼하지 마십시오. 정교회는 십자가에 못 박히신 분 앞에서 우리를 중보해 주실 훌륭한 한 분의 성인을 배출한 것입니다."

크세니 수녀원장의 이 말은 가슴 속에 감춰진 그녀의 슬픔을 덮어주었다. 그리고 성인의 죽음을 슬퍼하던 수많은 군중들에게도 나름 위로가 되어 그들의 마음을 따뜻하게 감싸주었다.

3일 밤낮 수많은 순례객들이 다녀갔다. 성인의 유해는 여전히 땀-기름을 흘리고 있었고 그곳을 향기로 가득 채웠다!

수도원의 한 수녀가 크세니 원장에게 걱정스럽게 말했다.

"빨리 안장을 해야 합니다. 몸이 곧 썩어 악취를 풍길 것입니다."

기적의 소나무 옆에 있는 성인의 무덤

그 날 밤 주교제의를 입은 성인이 수녀의 꿈에 나타났다.

"대주교님!" 그녀는 소리쳤다. 그리고 성인의 손에 입을 맞추기 위해 무릎을 꿇었다.

"얘야, 내 손이 더럽니?" 꾸짖는 어투로 성인이 그녀에게 물었습니다.

"아닙니다. 아름다운 향기가 납니다. 대주교님." 수녀는 작은 소리로 말했다.

"무슨 향기가 나지?"

"향과 알로에입니다."

"그래. 네가 내 유해에 대해 걱정하지 않아도 될 것 같구나."

수녀는 깜짝 놀라 잠에서 깨어났다. 그리고는 성인을 모신 관으로 달려가서 가늘고 긴 하얀 성인의 손가락에 세 번 입을 맞췄다. 그리고 땀-기름이 계속해서 흘러나오는 성인의 모습을 다시 한 번 주의 깊게 바라보았다.

11월 10일 화요일 오후 4시, 추모사를 한 판텔레이몬 설교 사제를 중심으로 장례예식이 거행되었다. 이어서 레몬 꽃으로 장식하고 기름이 흘러나오는 성인의 유해가 이미 소문이 자자했던 소나무 옆에 준비된 무덤에 안장되었다. 성인을 모신 무덤 자리는 1905년 아나스타시아(무르쥐) 수녀가 소나무를 심으려 했던 장소였다. 그런데 그녀가 그곳에 나무를 심으려 할 때마다 "이곳이 아닌 저쪽에 나무를 심거라. 그리고 이곳은 무덤을 위한 공간으로 남겨둬라"라는 신비로운 음성이 들려 그곳에 나무를 심지 못하고 무덤터로 비워두었던 바로 그곳이었다.

22. 성인의 유해가 썩지 않다

성인을 안장한 후 6개월이 되어 리자리오 신학교에서 비문을 새긴 묘석을 설치하기 위해 성인의 무덤을 일부 고쳐야 하는 일이 생겼다. 그 때 성인의 무덤을 열자 그곳에 있던 기술자들과 수녀들은 순간 놀라운 광경을 목격했다. 즉, 성인의 유해가 안장했을 때의 그 모습 그대로 기름을 흘리고 있었고, 장식했던 레몬 꽃은 방금 넣은 것처럼 싱싱한 자태를 그대로 유지한 채 썩지 않은 모습 그대로 있었던 것이다. 성인의 유해는 묘석을 설치할 때까지 성인의 방에 모셔져 – 그곳에서 성인의 제의를 갈아 입혔다. – 이틀간 머물렀다.

성인의 무덤이 또 다시 열린 경우가 있었는데 그 때도 성인의 유해는 똑같은 상태에 있었다. 카투나키오티스 다니엘 사부는 1924년에 있었던 성인의 이장과 관련해 동년 6월 18일자 편지에 이렇게 적었다.

"아주 경건하고 학식있는 알렉산드로스 모라이티디스가 '펜다폴리의 넥타리오스 성인의 이장이 이루어질 때 성인의 유해는 살아있을 때와 같은 모습 그대로였으며 아름다운 향기를 그대로 내뿜고 있었다.' 라고 나에게 기쁜 소식을 전했다."

세계 총대주교청의 공식 신문 "사도 안드레아"는 이렇게 기록했다. 성인이 잠든 지 5년 후 성인의 무덤이 열렸을 때 수녀들은 "성인을 안장했을 때의 그 모습 그대로인 그들의 영적 아버지를 보았다! 성인의 유해는 전혀 변질되지 않았고 육신은 물론 입고 있던 제의도 전혀 손상이 없었다. 아울러 초자연적인 아름다운 향기가 흘러나왔다. 영원히 기억될 아테네의 대주교 크리소스토모스는 이 놀라운 현상에 대한 소식을 접하고 그곳으로 내려와 성인의 유해에 무릎을 꿇고 기도를 드렸다."

1927년 앙겔로스 니시오티스 신부가 조직했던 그리스도 연합에서 발간하는 "새로운 창조"라는 잡지는 이렇게 적었다.
"지난 8월 16일 화요일, 그리스도 연합에서 선발된 10여명의 여학생들이 회장과 함께 에기나를 방문했다(…). 석양이 질 무렵 그들 모두는 수도원에 도착했고 그곳에서 만과를 드렸다(…). 만과 후에 그들은 기름을 흘리는 수도원의 설립자, 펜다폴리의 넥타리오스 대주교의 무덤에 가서 인사를 드리고 다시 도시로 돌아왔다."

에기나의 의사 게오르기오스 크시데아스는 1930년과 1935년 사이에 성인의 유해를 본 경험을 이렇게 기록했다.

"몇 년인지 확실치 않지만 1930년에서 1935년 사이로 생각된다. 진료하러 갔다가 메사그론에서 돌아오던 어느 저녁 무렵에 나는 엄청난 비를 만나 성 삼위 수도원으로 피하게 되었다. 나는 그곳에서 아침까지 머물렀다. 당시에는 자동차가 없어 교통수단으로 동물을 이용하던 때였다.

수도원의 자매들은 언제나 그랬던 대로 내가 수도원에 들어서 자마자 나에게 음식과 쉴 수 있는 방을 제공하며 호의를 베풀었다. 그런데 나는 잠들기 전에 성인의 무덤을 순례하는 것이 도리라고 생각을 했다. 한 수녀가 램프로 어둠을 헤치며 무덤까지 나를 동행해 주었다. 그런데 어느 순간 나는 주체할 수 없는 힘에 이끌려 수도원의 규칙이나 동행했던 수녀의 제제에 아랑곳 하지 않고 성인의 무덤의 대리석 덮개를 온 힘을 다해 반 정도 열었다. 그 순간, 성스러운 기운으로 덮여 있는 성인의 얼굴이 보였고 형용할 수 없는 향기가 느껴졌다. 나는 오랜 세월 동안 알고 지냈던 성인을 바라봤다. 그는 오랜 세월 무덤에 묻혀 있었음에도 전혀 부패되지 않은 채 마치 잠을 자고 있는 듯한 모습을 하고 있었다. 성인은 또 듬성듬성한 수염도 그대로 가지고 있었다. 이 모든 것은 아주 짧은 시간, 순식간에 일어났다. 나는 다시 무덤을 덮었다. 그리고 성인의 이름을 찬양하며 그곳을 나왔다.

1937년 수녀들은 성인이 여전히 예전의 상태에 있음을 발견한다. 그리고 에피고나티온(제의의 일종)을 바꿔준다. 약 10여년 뒤

성인의 성해가 보관된 은궤

인 1948년 아테네의 한 신문인 "소식"은 '에기나의 성인'이라는 제목으로 기고한 소피아 스파누디 기자의 글을 실었다. 그 기사의 주된 내용은 "부패되지 않은 채 무덤에 그대로 안치되어 있는 성인의 유해"였다. 1953년경 마침내 성인의 유해는 썩기 시작했다. 1953년 9월 2일 저녁 8시, 이드라와 스페촌, 그리고 에기나를 관장하는 프로코피오스 대주교가 – 보제로서 성인과 함께 수없이 예배를 드렸었다 – 전 교구장인 일리아스 안도니오스 대주교와 다른 많은 성직자들이 함께한 가운데 공식적인 시신수습 예식을 거행했다. 등불과 촛불이 어둠을 비추는 가운데 무덤에서 성인의 유해가 수습되었다. 그곳에 함께했던 이들은 형언할 수 없는 향기가 그 지역을 가득 메웠다고 증언했다. 오늘날 성인의

성인의 성해가 있는 소성당에서 기도하는 한국정교회 성직자들

두개골과 그 밖의 대부분의 유해는 성 삼위 성당 옆 소 성당의 은궤에 보관되어 있다. 성인의 유해 일부는 축복으로써 국내외의 정교회에 보내졌다. 한국 정교회, 구체적으로 가평에 위치한 주변모 수도원에도 기적을 일으키는 넥타리오스 성인의 유해의 일부가 모셔져 있다. 유해에서는 때때로 아름다운 향기가 뿜어져 나온다. 1996년 에기나의 수녀들은 한국인의 축복을 위해 성인의 유해를 한국 정교회 교구에 제공했다.

넥타리오스 성인의 유해가 수습되던 날 밤에 다음과 같은 놀라운 사건이 일어났다.

아테네에서 한 또래의 친구들이 성 마리나 지역의 멋진 바닷가에서 놀기 위해 에기나를 찾았다. 성 마리나는 수도원에서 몇 킬로미터 떨어져 있었다. 그들 일행이 탄 버스가 수도원 근처를 지나갈 때였다. 승객들은 수도원에서 경쾌하게 치는 종소리를 듣고 있었다. 그리고 이상한 향기가 그들 주변을 감쌌다.

"무슨 일이지? 여기 근처에 무슨 일이 있나?" 버스 승객 중 한 명인 매춘부가 물었다.

"수도원에서 분향을 하고 있는 모양이야." 누군가가 그녀에게 대답했다.

"향냄새는 아닌 것 같은데. 뭔가 알 순 없지만 현기증이 날 정도로 굉장히 향기가 진해."

"수도원을 설립하신 분의 유골을 무덤에서 수습한다던데." 누군가가 말했다.

"어떻게 알았어?"

"선착장서 출발할 때 들었어."

버스는 계속해서 길을 달렸고 목적지인 성 마리나에 도착했다. 하지만 그 독특한 향기는 그들을 계속 따라다녔다. 설명할 수 없는 현상에 뭔가 느낌을 받은 매춘부가 일행을 남겨두고 수도원으로 되돌아갔다.

수도원 마당에 도착했을 때 그녀는 열려있는 대리석 무덤 주변으로 많은 사람이 모여 있는 것을 보았다. 그리고 그 순간 형언할 수 없는 독특한 향기가 그곳에서 흘러나오고 있음을 감지했다.

"죄송합니다만, 이곳에 어느 분이 묻혔던 건가요?" 그녀는 옆에 서 있던 수녀에게 물었다.

"십자가에 못 박히신 그리스도의 선택된 종, 우리의 아버지, 대주교님입니다."

"십자가에 못 박히신 분의 종이라고!" 그녀는 그 말을 반복했다. 그녀는 자신이 목격한 놀라운 광경에 충격을 받았다. 그리고 무덤 앞으로 나가 무릎을 꿇고 슬피 울었다.

"왜 우시는지요?" 수녀가 그녀에게 물었다.

"저는 불행한 여자랍니다. 더러운 삶을 살고 있지요. 불쌍한 저를 위해 기도해 주십시오."

그녀는 목에 아주 비싼 목걸이를 하고 있었다. 그녀는 그 목걸이를 꺼내서 과거에 지은 죄에 대한 회개의 눈물과 함께 그것을 성인께 바쳤다. 그리고 이제 다시는 과거의 삶을 살지 않고 그리스도를 향한 삶을 살겠다고 다짐했다.

이렇게 회개는 성인의 무덤에 바쳐진 첫 번째 봉헌물이 되었다. 오늘날 성인의 유해 옆에 특별히 마련된 유리 진열장 속에는 성인의 기적과 은혜에 대한 사은의 표시로 성인에게 바친 수많은 신자들의 봉헌물과 함께 회개의 눈물과 함께 봉헌한 그녀의 목걸이가 걸려있다.

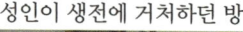
성인이 생전에 거처하던 방

에기나 수도원에 있는 성인의 방은 성인이 생전에 사

용하던 그대로 보전되어 있다. 성인이 기도했던 파나기아 이콘과 작은 책상, 침대 – 실리브리아에 있는 어머니의 선물 – 세면대, 작은 사물함

성인의 책장

– 성인의 여러 가지 개인 사물(십자가, 묵주, 수도사 모자, 슬리퍼, 그리고 감사의 성의 표시로 가져온 어부들의 해면 – 당시 어부들은 험하고 위험한 일에 앞서 성인을 찾아와 축복을 받거나 먼발치에서나마 기도를 부탁했었다 – 대학교 졸업장, 사진 등)이 고스란히 남아있다. 성인의 방 옆에는 성인의 제의들을 보관하는 또 다른 공간이 있다.

대주교관(미뜨라)

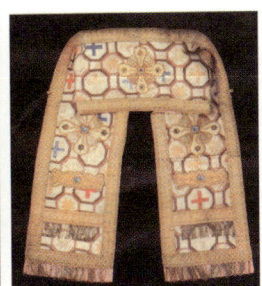
대주교 오모포로

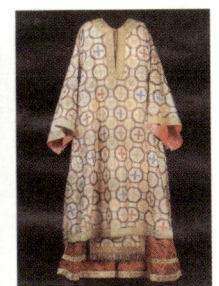
대주교 제의
(사코스)

23. 성성의 확인

펜다폴리의 넥타리오스 케팔라스 대주교의 온 생애는 놀라움 그 자체였다.

어릴 적부터 경건한 그리스도 신앙의 가족 품에서 성장한 성인은 착하고 순수하며 맑고 겸손한 사람이었다.

실리브리아와 콘스탄티노플에서 보낸 유년 시절부터 이미 가난과 고생을 경험했던 성인은 언제나 근면하고 양심적이었다. 대주교가 되었음에도 성인은 남들이 "하찮은"일로 여기는 공공장소의 청소나 수녀들의 신발을 수선해 주는 일을 마다하지 않았다.

히오스와 에기나에서 엄격한 수행을 했던 진정한 수도사로서 순결하고 무욕하며 적은 것에 만족하고 수도원과 교회의 권위에 순종하며 영육의 고통을 감내했다. 한편 수녀들의 영적 인도자로서 지식과 지혜로 수녀들을 "구원"으로 이끌었다.

스승으로서 그의 제자들을 지극히 사랑했고 그들의 문제를 공유했으며 그들을 성직으로 이끌었다. 그리고 제자들이 하느님의 부름에 따라 성직자가 되었을 때는 거룩한 제단 앞에 합당한 사제가 될 수 있도록 언제나 그들을 염려했다.

주교로서 그는 온유하고 친절하며 부드럽고 관대했다. 동시에 곧았고 엄격했으며 언행에 신중했으며 겸손했다. 그는 주교의 권위를 내세우지 않았고 자신에게는 엄격하면서도 사람들에게는 부드러운, 흠잡을 데가 없는 사람이었다. 이렇게 그는 자신의 "사목학"에서 밝혔던 올바른 목자의 상을 정립하였다.

하느님 앞에서의 성인의 자세는 보잘 것 없는 종의 겸손함 그대로였다. 피조물에 대해서는 절대적으로 하느님의 섭리에 맡겼다. 그 누구와도 견줄 수 없는 열정과 활동, 그리고 어린 아이같은 순수한 믿음으로 빛났던 대주교는 성 삼위와 테오토코스 그리고 성인의 열렬한 찬미가였다. 아울러 성인은 직접 성가들을 작곡해 그분들을 찬양했다. 어떤 상황에서도 성인은 기도를 멈추지 않았고 하느님께서 주신 성직의 본분을 망각하지 않았다. 성인을 직접 겪었던 사람들과 또 지극한 공경과 영혼의 앙양으로 성인이 집전하는 예배를 직접 경험했던 사람들은 모두 한결같이 "하느님의 영감을 받은 분", 혹은 엄밀하게 말해 "공중에 떠 있는 분"이었다고 확인했다.

성인은 개인적으로 철저하고 엄격한 수행을 하면서도 사회와 함께 호흡하며 살았다. 어려운 가운데서도 자선을 베풀고 어려운 이웃에게 도움의 손길을 아끼지 않았다. 교회의 설교대와 강연장에서, 학교와 고백성사실에서, 성인의 저술활동과 사회 모임에서, 그리고 그의 모범된 삶으로 매 순간 기회 있을 때마다 인간

영혼의 구원을 위해 헌신했다. 성인은 그를 모략하고 핍박하고 고통을 안겨주었던 사람들을 용서했으며 원한이나 증오를 품지 않았다. 성인은 사도 바울로의 "누가 감히 우리를 그리스도의 사랑에서 떼어 놓을 수 있겠습니까? 환난입니까? 역경입니까? 박해입니까? 굶주림입니까? 헐벗음입니까? 혹 위험이나 칼입니까? 우리는 우리를 사랑하시는 그분의 도움으로 이 모든 시련을 이겨내고도 남습니다."(로마서 8:35-37)라는 가르침을 길잡이로 삼으며 모든 것을 인내하고 고통을 감수했다.

성인의 위대한 용서와 관용의 특징은 다음 사건에서 잘 드러난다.

성인이 리자리오 신학교 책임자로 봉직하고 있었던 때였다. 총대주교 소프로니오에게 성인을 모함해서 혹독한 시련을 겪게 만들었던 사람이 취직을 하기 위해 이집트의 알렉산드리아에서 아테네로 왔다.

그런데 그리스 정부는 공직에 취직하려는 그에게 그를 소개해 줄 수 있는 추천서를 받아와야 한다고 하였다. 그러면서 혹시 아는 사람이 있냐고 물었다. 특별히 자기를 추천해 줄 만한 사람이 없었던 그는 넥타리오스 성인의 관용을 잘 알고 있던 터라 이렇게 대답했다.

"리자리오 신학교 책임자인 펜다폴리의 넥타리오스 대주교님을 잘 알고 있습니다."

성인은 이 사실을 뒤늦게 접하고 그의 비서에게 이렇게 말했다.

"기쁨 마음으로 추천서를 써 줄 것이다. 나는 그에 대한 감정이 없으며 처음부터 그를 용서하였다. 그가 나에게 나쁘게 했다고 해서 나도 그렇게 해서야 되겠느냐."

이드라와 스페촌 그리고 에기나의 교구장 에프렘 대주교는 넥타리오스 성인이 하느님과 형제에 대한 사랑이 현저하게 컸다고 전했다. 성인의 사랑은 경계를 몰랐고 이러한 사랑은 언제나 낮은 겸손과 함께했다. 그리고 그 사랑은 인내와 관용과 호의와 침착과 희생정신과 도움과 엄격함과 분별로 나타났다.

아울러 성인은 자연과 꽃도 사랑했다. 그리고 그 속에서 천상의 미를 볼 수 있다고 여겼다.

이밖에 성인은 교회의 분열이라는 아픔을 겪어야 했다. 그는 모든 그리스도인들의 일치와 화해를 위해 노력했고 기도했다.

넥타리오스 성인은 하느님께서 기쁘게 받아 주시는 제물로 겸허하게 자기 자신을 바쳤다. 그는 하느님과 인간을 기쁘게 해 주었다. 결국 그의 이런 수고는 믿음에 무지하거나 나약한 이들이 결코 깨질 수 없는 지극히 높은 천상의 복으로 보상받았다. 그리고 미나 성인과 판델레이몬 성인 그리고 자킨토스의 디오니시오스 성인 같은 성인들과 함께 대화를 나누기에 합당한 자가 되었다.

시모노페트라 수도원의 이에로니모스 사부는 성인이 자신에게 알려준 사실을 이렇게 전했다. "어제 나는 자킨토스의 디오니시오스 성인을 보았다. 그리고 그분은 나에게 '나는 에기나를 사목했지만 너는 에기나를 높일 것이다.'라고 말했다." 또 이에로니모스 사부는 넥타리오스 성인이 그에게 이렇게 말했다고 전한다. "나는 밤에 지옥과 천국을 보았다. 천국이 얼마나 좋았는지… 하지만 나는 지옥에 합당한 것 같다… 아무튼 하느님의 자비에 희망을 건다." 이 밖에도 우리는 성인이 행한 많은 기적을 보았다. 이 모든 것은 그분을 성인으로 굳게 믿고 있는 우리의 신념을 확고히 해 준다.

1898년 아토스 성산의 카룰리온의 한 은둔 수도사는 성인의 이름이 "오래 전부터 대주교 성인들 사이에" 들어있음을 보았다. 알렉산드로스 모라이티디스는 1916년 8월 6일 티노스의 케흐로부니오의 수도원 원장에게 보낸 그의 편지에서 성인을 "지극히 성스럽고 완덕에 이른 분"이라고 적었다. 리자리오 신학교 학생 시절부터(1900-1903) 성인의 모습을 지켜봤던, 대학 교수인 철학자 루바리스씨는 성인이 생존하고 있었던 1919년, 1920년도부터 이미 그를 "성인"이라 불렀다. 성인의 옛 제자였던 게오르기오스 소티리오스 학자도 펜다폴리의 대주교가 성인으로 공식 선포되기 이전에 이렇게 기록했다. "그의 성성은 확연했다. 절제와 수행, 자선 등 진정한 성인이었다." 당시(7세기) 성인 수행자들에 대한 클리막스의 요한 성인의 기록은 오늘날의 성인에 대해서도 그대로 유효하다.

"그들은 오랜 수행을 거쳐 순결해졌으며 천사의 모습을 지녔다. 그들은 아주 천진무구하면서도 하느님의 도움으로 '지혜'를

병이 치유된 기적을 묘사한 이콘

함께 겸비하였다(…). 완전에 도달한 그들의 특징은 명예를 절대 추구하지 않는 겸손이었으며 시련을 기쁘게 받아들이는 자세였다."

여기서 주목해야 할 점은, 성인은 그의 성성이 확인시켜준 수많은 증거들에도 불구하고 본인은 물론이요, 다른 사람들도 자신을 성인처럼 생각하지 못하게 했다는 것이다. 만약 신자들이 그의 기적을 보게 되는 경우가 있으면 성인은 아무에게도 그 사실을 알리지 말라고 부탁하면서도 정작 자신은 편지에 이렇게 적었다.

"하느님께서 나의 게으름을 보고 당신의 얼굴을 나에게서 돌리지 않도록 저를 위해 하느님께 기도해 주십시오. 그리고 깨어

있는 정신과 깨끗한 마음, 지혜와 슬기, 그리고 그분의 계명을 실천할 수 있는 건강을 제게 베풀어 주시도록 저를 위해 하느님께 기도해 주십시오."

진정한 성인들은 자신들의 성성에 대한 인식이 없다. 그들은 언제나 하느님의 종으로서 부족하다는 것만 느낄 뿐이다.

하지만 하느님께서는 성인들이 잠든 후 그들에게 보상을 내리셔서 그들의 성성을 인정해 주신다. 그래서 이미 언급한 바와 같이 그 증거로 넥타리오스 성인은 10여 년간 유해가 썩지 않았고 그 유해가 모셔져 있는 곳에서는 형언할 수 없는 향기가 넘쳐흘렀으며 성해를 통해 수많은 기적이 이루어졌다. 좀 더 구체적으로 살펴보면, 수녀들과 수도사들 그리고 평신자들은 주님께서만 알고 계신 이유로 복도와 수도원의 외길을 걷던 성인의 발걸음을 수도 없이 들어왔다. 그리고 성해나 성해 주변에서 이따금 퍼져 나오는 전례 없는 향기를 전율 속에서 맡아왔다. 정확한 신상자료가 있는 상당수의 사람들이 중병이나 불치병(심장병, 폐병, 피부병, 정신병, 신장염, 당뇨, 백혈병, 류마티스, 중풍, 종양 등)에서 기적적으로 치유되었고 그들 중 일부 사람들은 의사나 병원의 진단서를 통해 자신이 기적적으로 치유 받은 사실을 확인했다. 성인의 이름을 부르고 치유된 경우도 있으며 성인 이콘 앞에 있던 등잔 기름을 발라 치유된 경우, 또 수도원의 성수와 성인의 유해를 순례하다 치유된 경우도 있었으며 또 어떤 이들은 "에기나에 있는 나를 찾아오너라"라는 성인을 꿈속에서 보기도 했다. 마지막으로,

우리들 중 수많은 이들이 자신이 직면한 문제를 해결해 달라고 지극히 선하신 하느님께 중보해 달라고 열성을 다해 성인께 간청한다. 그러면 성인은 간절한 우리의 요청에 부응해 우리의 조력자와 보호자가 되어 준다. 성인은 필요에 따라 신자들의 요청 없이도 신자들 옆에 함께 해 준다. 우리는 수많은 기적들 중 몇 개만 나열해 보고자 한다.

1. 첫 번째는 에카데리니 크라카리의 경우이다. 그녀는 1894년 피레아에서 태어났다. 하지만 그녀는 어린 나이에 "악령에 사로잡히게 되었다." 그녀의 부모는 병원과 교회를 데리고 다니며 백방으로 뛰어 다녔지만 그녀의 병을 완전히 치료하지는 못하였다. 그럼에도 그녀는 1919년 피레아의 한 수도원에서 파르테니아라는 이름으로 수도 서원을 하게 된다. 그녀는 1926년 4월 에기나의 수도원으로 와서 성찬예배를 드렸다. 그리고 넥타리오스 성인의 무덤에서 밤낮으로 불빛을 밝히고 있던 등잔 기름이 "십자가 형태로" 그녀에게 발라졌다. 그 날 이후 그녀의 병은 말끔히 사라졌다. 그 날 1926년 4월 27일부터 파르테니아 수녀는 에기나 수도원에 머물며 수도에 정진했다. 그녀는 여생을 몇 년 앞두고 수도원의 비서업무를 맡기도 했다. 그녀는 훌륭한 삶의 모습을 남긴 채 마침내 1967년 9월 19일 세상을 떠났다.

2. 두 번째 사건 내용은 대학 교수인 판델리 파스코스가 기술했다.

터키의 지배를 받고 있던 시절 배 하나가 지중해를 항해하고 있었는데 심한 폭풍을 만나 침몰할 위기에 놓였다. 선장은 도저히 배를 구할 방법이 없다고 판단하고 배를 포기할 것을 명령했다. 순식간에 두려움과 공포가 선원들을 에워쌌다. 배는 이미 물에 잠기기 시작했다. 선원들은 구명정을 바다에 내리고 있었고, 선장은 배의 항해일지를 가지러 밑으로 내려갔다. 그런데 그곳에는 하얀 수염을 한 노인이 가만히 앉아 있었다. 그 배에는 본래 신부가 없었기에 선장은 그를 몰래 승선한 사람으로 생각했다. 선장은 "여기서 뭘 하고 계신지요?"하고 그에게 물었다. 노인은 "걱정하지 말아라. 너희들 중에 다칠 사람은 하나도 없다. 그러니 모두 배로 돌아오게 해라."하고 평온하게 그에게 대답했다. 선장은 의아한 생각이 들어 그에게 다시 물었다. "그렇다면 당신은 우리에게 아무 일도 없을 거라는 사실을 어떻게 알죠? 지금 배가 침몰해 죽게 생겼는데 말입니다!" 그러자 노인은 그를 안심시키며 말했다. "얘야, 나는 에기나에서 왔단다. 그리고 네 배에는 내가 알고 있는 사람이 많이 있단다. 지금 당장 배에 있는 니콜라스 성인의 등잔을 가져다가 바다 속에 던지거라." 선장은 노인의 말대로 바로 니콜라스 성인의 등잔을 가져다가 바다에 던졌다. 순간 기적이 일어났다. 엄청난 폭풍이 일던 바다가 칼로 자른 것처럼 잠잠해졌다. 그리고 평온과 고요가 찾아왔다. 즉시 선장은 에기나에서 온 선원들을 전부 불러 기적을 일으키는 에기나의 성인이 누구인지 물어봤다. 그들은 모두 한 목소리로 "넥타리오스 성인입니다!"하고 대답했다. 감격에 젖은 선장은 그들에게 이렇게 말했다. "넥타리오스 성인이 우리 배에 찾아오셨단다. 지금 안에 계신단다." 그들은 모두 놀라 성인을 보러 급히 달려갔다. 하지만 성인은 이미 그 자리에 없었다.

3. 세 번째 사건은 1958년에 일어났다. 사건을 직접 목격했던 히오스의 교구장 판델레이몬 포스티니스 대주교가 밝힌 일화다.

"…내가 넥타리오스 성인의 수도원에 도착했을 때 나의 감격은 절정에 달했다. 저녁 만과를 드리기 위해 수많은 사람들이 그곳을 찾았다. 갑자기 수(首) 사제 프로코리오스가 성 제단위에 놓여있는 성인의 두개골을 감싸던 대주교 관을 만졌다. 사람들은 순간 깜짝 놀라 십자성호를 그었다. 만과가 시작되었다. 성가의 아름다운 멜로디가 울려 퍼지는 가운데 성당 옆 건물에서 괴성과 울부짖는 소리가 들려왔다. 8년 동안 악령에 사로잡혀 있는 청년의 소리였다. 그는 그곳에 있던 사람들을 두려움 속에 몰아넣었다. 프로코피오스 사제는 그에게 퇴마기도를 하면서 그를 붙들고 있었다. 거룩한 십자가가 그의 머리에 놓였다. 그는 "내 머리에 박힌 불붙은 못을 빨리 치워라" 하며 온 몸을 비틀며 고통스럽게 소리쳤다. 그의 괴성은 수도원 전체를 어수선하게 만들었다. 청년의 괴성과 몸부림에 프로코피오스 사제가 드리던 퇴마기도서 두 장이 동시에 넘어갔다. 그 순간 고개를 숙여 바닥을 보고 있던 악령에 잡힌 청년이 한숨을 돌린 듯 큰 소리를 쳤다. "아!… 그래 두 장을 넘겨 중간을 뛰어넘었다 이거지. 알았으니 이제 그만 나를 괴롭히라고."… 그 광경은 공포 그 자체였다. 프로코피오스 사제는 놀라 두려움에 사로잡혔다. 사람들도 모두 경악을 금치 못했다. 설교사제가 "내가 너희에게 뱀이나 전갈을 짓밟는 능력과 원수의 모든 힘을 꺾는 권세를 주었으니…"라는 주님의 말씀을 반복하자 갑자기 악령에 사로잡힌 청년이 온몸을 떨며 절규하다 죽은 사람처럼 바닥에 쓰러졌다. 사람들은 그의 의식을 되돌리는 데 많은 시간을 보냈다. 창백한 얼굴로 기력이 하나도 없던 청년은 놀란 눈으로 주변을 둘러보았다. 만과가 끝날 때 사람들은 그를 나에게 데려왔다. 그는 경건하게 나의 손에 입을 맞췄다. 내 손등 위에 그의 눈물이 두어 방울 떨어졌다. 청년은 성당의 철야 예배에 참례했고 아침 리따니아(행렬의식)에서는 십자상을 들었다. 그의 얼굴은 환하게 빛났고, 그의 눈에는 성인의 중보를 통해 오랜 세월 고통의 순간에서 벗어나게 해 주신 하느님에 대한 감사의 눈물이 흘렀다(…). 이 섬을 자주 방문하는 그대들이여, 성인의 축복된 수도원에서 나를 위해 십자성호 한 번만이라도 해 주시게나."

4. 네 번째 기적은 에기나의 페트룰라 야나코풀루 부인이 전한 것을 기술한 것이다.

    1969년 30세 정도 되는 젊은 변호사가 성인을 방문하기 위해 에기나에 도착했다. 그는 심각한 심장병을 앓고 있었고, 고통이 무척 심했다. 그가 수도원에 도착했을 때는 이미 해가 저

문 다음이었다. 당연히 수도원은 문이 닫혀 있었고 그는 안으로 들어갈 수 없었다. 그는 어쩔 수 없이 수도원 아래 옛 국도변에 있는 음식점으로 갔다. 그리고 혹시 하룻밤 묵을 방이 있는지 물었다. 아침 일찍 시작하는 수도원 조과를 처음부터 참례하고 싶었기 때문이었다. 그 시간 식당에 있던 어머니가 그 청년의 말을 듣게 되었다.

"청년, 여기 옆이 우리 집인데 거기 가서 주무시구려. 나는 좀 더 밑에 있는 내 딸 에피미아 집에서 자면 된다오. 이게 우리 집 열쇠니 들어가서 주무시구려."

"정말 감사합니다, 아주머니. 그런데 혹시 집에 시계가 있는지요? 제가 조과에 참례하려면 새벽 4시에는 일어나야 해서요."

"어떻게 하지? 청년, 우리는 시계가 없어서요."

하지만 모든 것이 순조롭게 되어 청년은 아침 일찍 수도원에 갈 수 있었다. 그래서 어머니가 아침 일찍 집에 갔을 때 청년은 수도원에 가고 없었다.

세월이 어느 정도 흘렀다. 어느 주일 오후, 나는 피레아로 향하는 배를 타고 여행을 떠났다. 그런데 전날 토요일 밤, 내가 어머니 집에 있을 때 약 15명의 청춘남녀들이 집 밖에서 아름다운 성가를 부르는 것을 들었다. 그것은 너무도 아름다운 성가였다. 주일 아침 어머니와 나는 성인의 수도원에서 주일 성찬예배를 드렸다. 그리고 오후 나는 피레아로 향하는 배에 올라탔다. 배의 어딘가에서 성가가 들려오기 시작했다. 나는 어젯밤 집 앞에서 들었던 성가인 것을 직감했다. 나는 그들에게 다가가서 어젯밤에 왜 집 앞에서 성가를 불렀는지 물어봤다. 그들은 나에게 이렇게 대답해 주었다.

"넥타리오스 성인께서 행하신 기적에 대해 감사와 영광을 드린 것입니다!"

"기적? 무슨 기적?" 나는 다시 물었다.

"방안에서 놀라운 기적이 있었어요. 그래서 어제 우리는 그 집 밖에서 성가를 불렀지요. 작년에 저는 연세가 지극하신 한 아주머니의 호의로 그 집에 묵게 되었지요." 작년에 기적을 경험했던 청년이 말했다.

나는 그분이 나의 어머니였음을 밝혔고 그들은 무척 기뻐하였다. 청년은 계속해서 말을 이었다.

"그 날 밤 저는 새벽 4시에 못 일어나 조과에 참례하지 못하면 어떻게 하나 하고 노심초사했답니다. 왜냐하면 시계가 없었기 때문이었죠. 수도원에서 새벽에 종을 쳤지만 저는 결국 그 소리를 듣지 못했답니다. 그런데 넥타리오스 성인께서 나타나셔서 저를 흔들며 '애야, 교회 갈 시간이란다, 어서 일어나야지!' 하면서 깨웠지요. 그리곤 다시 사라지셨습니다. 그런데 그 순간 저에게 기적이 일어났습니다! 제 지병이 나았던 거지요. 거의 일직선이었던 제 심박동 곡선이 성인이 나타난 이후로 완전히 정상을 찾은 것입니다."

5. 약 25세 정도 되는 사촌 형제인 두 명의 이란 청년들이(그들의

안전을 위해 그들의 신상을 밝히지 않음) 90년대 말 이란을 탈출, 수많은 역경을 거쳐 그리스에 도착했다. 그들은 이론상으로는 이슬람교도였지만 실상 그들의 생활은 이미 오래전에 이슬람 신앙인이 아니었다. 그들은 이란에 몰래 들여온 성서를 알게 되었고 성서를 읽으면서 그리스도를 믿기 시작했다. 우여곡절 끝에 그리스로 들어온 그들은 그리스도교를 좀 더 깊이 알길 원했고 세례 받기를 희망했다.

9월의 어느 날, 그들의 교육을 맡은 신부와 함께 그들은 넥타리오스 성인의 수도원과 또 정교회 성인과의 첫 번째 만남을 위해 에기나로 향했다.

수도원에 도착한 후 신부는 그들을 인솔해 넥타리오스 성인의 카라(두개골) 앞으로 가서 간단한 기도를 올린 후 성인의 유해에 예를 표하라고 했다. 하지만 그들은 주저하며 예를 표하지 않았다. 계속해서 그들은 성인의 무덤과 생전의 방을 둘러보고 같은 날 장기간 머물며 교육을 받을 펠레폰네소스의 한 남자 수도원으로 이동했다. 그들은 여정 속에서 자신들이 선호하는 성인의 세례명에 대해 이야기를 주고 받으며 한명은 아나스타시오스 성인(페르시아인)으로, 수학에 애착을 가진 또 다른 한명은 메토디오스(콘스탄티노플의 대주교) 성인으로 정했다.

아침 예배를 알리기 위한 시만드로(직사각형 모양의 쇠)가 타종되기 약 한 시간 전인 깊은 새벽에, 넥타리오스 성인이 두 명의 이란인이 묵고 있는 방에 나타났다. 그들은 꿈 속에서 세례명으로 자신들을 부르는 소리를 세 번 들었다. 그들은 첫 번째와 두 번째에는 잠에서 깨어나지 못했다. 하지만 세 번째 소리에 그들은 잠에서 깨어났다. 그리고 눈을 뜨고는 깜짝 놀라 침대에서 벌떡 일어났다. 창조되지 않은 빛 속에 환히 빛난 모습으로 대주교 제의를 입고 허공에 떠 있는 넥타리오스 성인을 본 것이다. 그들은 몸이 굳어져 움직이지도 못하고 말도 하지 못한 채 있었는데 파란 눈을 가진 성인이 근엄하게 그들을 바라보며 유창한 이란어로(성인은 생전에 이란어를 알지 못했다.) 그들에게 말했다.

"왜 나의 유해에 예를 표하지 않았느냐? 에기나의 내 집에 와서 예를 표하거라. 그리고 그곳에서 세례를 받아라."

성인은 이 말을 마치고 사라졌다. 하지만 성인이 비추던 환한 빛은 그 방에 그대로 남아 있었다. 이란 청년들은 침대에서 꼼짝도 못하고 몇 시간을 있었는지 몰랐다. 보이지 않는 힘에 의해 묶여있던 그들의 몸이 풀리자 그들은 그들의 지도교사인 신부 방으로 달려갔다. 그리고 그들 방에서 어떤 일이 있었는지를 설명하며 신부를 그들 방으로 모셔왔다. 그리고는 자신들이 그리스도인으로 합당치 못하다고 하면서 계속 눈물을 흘렸다. 그들이 받은 충격이 진정되기까지는 오랜 시간이 필요했다. 약 2시간이 지난 후, 어느 정도 진정이 된 그들은 수도원의 성당으로 내려갔다. 그곳에 모셔져 있는 넥타리오스 성인의 이콘에 예를 표한 후, 땅에 머리를 대고 무릎을 꿇은 채 그리스어로 성인을 기리는 수도사들의 기원예식에서 들리는

단 하나의 단어인 넥타리오스 성
인의 이름이 나올 때마다 서글프
게 울었다.

　같은 날, 그들의 간곡한 부탁으
로 일행은 수도원에서 아무것도
먹지 못한 채 에기나로 돌아갔다.
수도원의 담임신부가 성인의 유
해 앞에서 기원을 올렸다. 그 기
원예식이 끝난 후 그들은 기원예
식에 참례한 감격에 젖은 많은 순

성인의 카라

례자들과 수도사들 앞에서 성인의 카라를 감싸 안고 수없이
입을 맞추며 흐느꼈다. 후에 그들에게 나타난 성인의 모습이
어땠느냐는 사람들의 질문에 그들은 성인의 마지막 성찬예배
때 찍었던 사진을 가리키며 사진 모습 그대로였다고 증언했
다.

　수도원에서 준비한 식탁(사건 약 24시간이 지난 후 처음 먹게 된
식사)에서 그들은 성인의 카라에 예를 표하라는 말을 들었을
때 세례 예비자 교육을 통해 성인 유해의 존귀함을 알고 있었
지만, 주저할 수밖에 없었다고 고백했다. 왜냐하면 그들 나라
의 이슬람 전통에 따르면 안장했던 유해를 밖으로 꺼내는 경
우가 없어 한 번도 인간의 유해를 본 적이 없었고 성인의 머리
만 있는 것도 그들 나라의 잔인한 참수와 연관되어 받아들이
기 힘들었기 때문이었다.

몇 개월이 지난 후 에기나에 새로 세워진 성 넥타리오스 성당에서 성찬예배와 함께 그들의 세례성사가 거행되었다. 그들은 가슴 깊은 곳에서 우러나오는 진심을 담아 성인에게 감사를 드렸다. 왜냐하면 성인의 놀라운 출현으로 성인과 또 성인의 유해에 대한 올바른 정교회의 가르침을 제대로 일깨워 주었기 때문이다.

6. 아토스 수도사 모이시스 사제는 20년이 넘도록 간경변으로 고통 받고 있었다. 그는 병의 고통을 인내로써 감내하고 있었다. 1997년 9월 20일 모이시스 사제는 미국의 플로리다에서 안드레아(G. Tzakis Andreas) 교수에 의해 수술을 받았다. 그것은 간 이식 수술이었다. 수술실로 옮겨지고 마취가 진행되는 동안 모이시스 사제는 구세주 그리스도께 중보해 달라는 간청을 여러 성인들께 올리고 있었다.

장시간의 수술이 성공적으로 끝났다. 하지만 온전한 의식이 돌아오기까지는 힘든 과정을 거쳤다. 모든 것에서 정상을 찾은 모이시스 사제는 큰 수술 이후 나타나는 무기력과 통증을 심하게 느끼고 있었다. 기적의 넥타리오스 성인이 주교 제의를 입고 그 앞에 나타났을 때도 그는 통증 속에서 기도를 하고 있었다.

성인이 모이시스 사제에게 나타났던 감동적인 사연을 들어보자.

"나는 기력이 하나도 없음을 느꼈다. 나는 끊임없이 하느님의 은총을 간구했다. 나의 고통은 엄청났고 나의 몸은 지칠 대로 지친 약한 상태였다. 이것은 나의 정신적 고통까지 함께 가져왔다.

내가 기도 말고 할 수 있는 것은 아무것도 없었다. 그런데 갑자기 넥타리오스 성인이 주교 제의를 입고 내 침상 옆에 나타났다. 그리고 온화한 눈빛으로 나를 바라보며 이렇게 말했다. '다른 모든 성인들은 다 부르면서 나만 부르지 않다니! 하지만 내가 이렇게 너를 찾아왔단다!' 이 말만 하고 성인은 사라졌다! 나는 급히 수술대에 오를 때의 기억을 되살렸다. 그런데 정말 내가 각별히 공경하던 넥타리오스 성인을 그 순간 기억하지 못했던 것이다. 이렇게 성인은 내가 가장 힘겨울 때 나를 찾아주었다. 그분은 나에게 불평을 하러 온 것이 아니라 지도자와 아버지다운 모습으로 또 겸손한 모습으로 나를 찾아오신 것이다. 나는 성인이 다녀간 그 순간부터 몸이 좋아짐을 느꼈다! 나는 감격에 젖어 지극히 선하신 하느님께 영광을 바쳤다. 하느님은 성인의 중보를 들으시고 죄인인 나에게 당신의 넘치는 은총을 베푸신 것이다."

"당신의 성인들 안에 계시는 하느님은 참으로 놀랍도다!"

7. 그리스도의 새로운 삶의 도화선이 된 성인의 아래 기적은 쿨투무시우 수도원의 알렉산드로스 수련수도사(세속명은 극작가와 시나리오 작가로 잘 알려진 알렉코스 갈라노스였다)가 마놀리 멜리노스 기자에게 기술한 내용이다.

"1982년 나는 배 쪽에 어떤 통증을 느끼기 시작했다. 내가 입원한 병원의 의사들은 처음에는 위장에 문제가 있는 것으로 진단했다. 하지만 통증은 2년여에 걸쳐 지속되었다.

1984년 아테네의 병원으로 온 나는 담낭담석증의 진단을 받았고 수술이 필요하다는 소견이 나왔다. 나는 다른 의사들의 견해도 들었다. 그리고 많은 검사를 받았다. 나는 수술을 하기 위해 공립병원에 입원했다. 의사들은 나에게 삼일만 입원하면 된다고 말했다. 하지만 나는 약 3개월 정도 병원에 입원해야만 했다. 왜냐하면 여러 가지 합병증이 생겼고 죽음의 문턱까지 갔었기 때문이다. 마침내 쓸개 입구에 있는 암이 확인되었다. 나는 오랜 통증을 겪으면서도 한 번도 나쁜 결과에 대해 생각해 본 적이 없었다. 단순히 세균에 의한 것이라고 생각했고, 항생제로 치료될 것이라고 생각했다. 통증은 점점 심해졌고 차라리 투신해서 죽는 것이 더 낫겠다는 생각이 들었다. 세익스피어의 햄릿이 생각났다. 그는 어딘가에서 이렇게 말했다. '아! 하느님의 법이 없어 자살자를 벌하지 않으신다면!' 이것이 나를 자살에서 지켜 주었다.

의사들은 내 가족들에게 내가 앞으로 최대 3개월 밖에는 살 수 없다고 말했다. 하지만 나는 어느 순간부터 뭔지 모르지만 몸이 가벼워지고 있음을 느꼈다. 나는 암 전문병원으로 유명한 영국의 로얄 마스던 병원(Royal Marsden Hospital)으로 갈 것을 결심했다. 그곳에서 나는 정밀 진단을 받았다. 하지만 수확은 없었다.

계속해서 나는 미국의 메모리얼 병원(Memorial Hospital)으로 갔다. 그곳에서는 나에게 다시 수술을 받아야 한다고 말했다. 그곳은 다시 한 번 쓸개암을 내게 확인시켜주었다. 각종 검사를 마친 미국 의사들은 그리스에서 내게 말했던 것처럼 더 이상 그들의 의술로 할 수 있는 방법은 없는 것 같다고 말했다. 내가 얼마 정도 살 수 있겠느냐고 묻자 비슷한 경우를 생각하면 1년 정도 될 것이라고 하였다.

한편, 화가인 내 친구가 내가 아테네 병원에 입원해 있을 때 베개 밑에 넥타리오스 성인 이콘과 그분의 책을 놓아두었다고 뒤늦게 말해주었다. 동시에 성인이 나를 낫게 해 주면 넥타리오스 성인의 큰 이콘을 그려 은으로 장식한 후 에기나 수도원에 봉헌하겠다고 약속했다. 나는 친구가 그렇게 한 그 날부터 점차 몸이 가벼워지고 있음을 나중에야 알았다. 열이 떨어지기 시작했고 모든 건강 상태가 좋게 진행되었다. 나는 몸이 점점 더 좋아짐을 느꼈다. 하지만 어떻게, 그리고, 왜 그렇게 되는지는 알지 못했다. 내 침상 위에는 수많은 성인들의 이콘들이 있었기 때문이었다. 마침내 친구가 성인을 그렸다. 그리고 우리는 은으로 장식한 후 에기나로 가져갔다. 수도원에 도착한 나는 성인의 카라와 성당 안에 모셔져 있는 다른 여러 성인들의 유해에 예를 표했다. 그리고 성인이 안장되었던 빈 무덤에 가서도 예를 표했다. 당시까지 특별히 교회와 연관된 삶을 살고 있지 않았지만 나는 그 순간 행복과 감동을 느꼈다. 나는 세상적인 극작품을 연출했고 무대에 미쳐 살았으며 허영과 어리석은 명예를 추구했었다.

　다음 주말에 나는 에기나에 다시 갔다. 사제는 나의 건강을 위해 축복기도를 해주었다. 나는 뜨거운 감정을 느끼며 그곳을 재차 방문했고 성인을 순례했다. 성인을 방문한 첫 순간부터 나는 잘못 살아온 나를 발견했다. 나는 나의 죄를 강하게 느끼자 성인께 이렇게 기도했다. '넥타리오스 성인이시여, 저는 숫자 영(제로)과 같습니다. 아니 영보다 못할지도 모릅니다! 제 친구는 저를 위해 당신께 약속을 했습니다. 이제 제가 당신께 약속하고자 합니다. 2개월간 저는 제 사적인 업무를 보지 않을 것입니다. 고백성사를 하고 주님의 몸과 피를 영할 것입니다. 저를 불쌍히 여기시고 건강을 회복시켜 주소서. 영육이 건강해질 수 있도록 도와주소서.' 우리는 사회에서 스포트라이트를 받으며 예술 활동을 왕성히 하던 사회의 저명한 인물의 빈 자리가 얼마나 큰지 잘 안다.

　나는 에피파니오 테오도로풀로 사부를 찾아가 내 마음의 문을 열었다. 그는 내가 제법 많은 이야기를 했음에도 귀를 기울여 내 말을 끝까지 들어 주었다. 그리고 내게 한 달 뒤에 다시 오라고 하였다. 나는 사부와 약속한 것을 지키면서 한 달 뒤 다시 그를 찾았다. 사부는 크리스마스 때 내가 영성체 하는 것을 허락했다. 나는 그대로 하였다. 그 뒤 에기나로 다시 내려갔다. 성인 무덤의 소 성당은 비어있었다. 나는 설명할 수 없는 느낌 속에 대리석 바닥에 엎드렸다. 영혼의 가벼움이 느껴지고 감동이 밀려왔다. 더러움을 깨끗이 씻은 후의 상쾌함이 밀려왔다. 내 속에서 뭔가가 말했다. 아니 소리쳤다. 나도 속에서 말했다. '나의 성인이여. 지금부터 나는 세속적인 일을 하지 않고 그리스도 안에서 또 그리스도를 따라 살아갈 것입니다. 저를 치유해 주십시오.' 그 순간 내 손에 주사를 놓은 것처럼 – 엄밀한 표현은 물론 아니지만 – 즉시 아토스 성산으로 가 그곳에서 생을 마감해야겠다는 느낌이 몰려왔다. 나는 아토스에 있는 크시로포타무 수도원의 요셉 사부에게 편지를 띄었고 그는 큰 사랑으로 나를 받아줬다. 나는 그곳으로 갔다. 여러 날이 지났다. 오늘, 내일 죽을 것이라는 마음으로 지냈다. 한 주, 한 달, 한 해가 지나갔다. 그리고 지금까지 하느님께 영광을 돌리며 15년을 살고 있다. 크시로포타무 수도원에서 5년을 머무른 후 나는 켈리에서 홀로 지낼 필요를 느꼈다.

한편 나는 파이시오스 사부를 알게 되었다. 그는 내게 이렇게 말했다. '하느님께서 너를 사랑하고 계신단다. 그러니 너는 오래 오래 살거야!' 파이시오스 사부는 나에게 수도원에서 멀리 떨어지지 않은 가까운 곳 켈리로 가라고 조언했다. 오랜 생각 끝에 나는 이곳 아토스 성산의 쿨투무시우 수도원에 정착하기로 마음을 정했다. 그리고 지금 훌륭한 흐리스토둘로스 사부의 지도하에 수련 수도사로 생활하고 있다.

4년 전에 런던의 머메이드 극장(Mermaid Theatre)에서 나의 작품 "빨간 불"이 공연된 적이 있었다. 그 때 나는 런던에 있었다. 라디오 방송국에서 인터뷰를 하고 싶다고 나에게 요청을 해왔다. 그들은 대화 초입에 '당신 작품의 시사회에 꼭 오시겠죠' 하고 내게 말했다. 나는 그들에게 이렇게 대답했다. '아니요, 저는 좀 더 기쁜 이유가 있어 이곳에 온 것입니다.' 그리고 나는 그들에게 나의 암에 대해 말해주었다. 그 순간 이후 그들은 내가 하고 싶은 말을 다 할 수 있도록 나를 가만히 놔두었다. 나는 내 삶의 변화와 나의 믿음, 교회와의 밀접한 관계와 하느님께서 주시는 용기에 대해 그들에게 말했다. 그들은 "빨간 불"이라는 작품을 썼던 내가 지금은 아토스 성산과 성인들의 기적 등에 대해 말하는 것을 보고 놀라워했다. 나는 그들에게 자신을 지켜달라는 간청만으로도 하느님께서는 당신의 은총으로 사람을 변화시켜 준다고 설명했다."

"하느님께 영광! 하느님께 영광! 하느님께 영광!"

8. 마지막으로 한국에서 있었던 넥타리오스 성인의 기적을 살펴보자. 이 기적은 영어와 그리스어 문학을 전공한 아타나시아 콘도야나코풀루 선생에게 있었던 사건이다. 현재 아타나시아 선생은 한국 정교회 교구를 도와 선교활동을 하고 있다. 본인이 직접 말한 내용을 서술한다.

"2002년 10월, 주일 아침이었다. 나는 한국 정교회 교구의 성 니콜라스 대성당에서 나와 계단을 내려가던 중 계단을 헛디뎌 계단 밑으로 굴러 떨어졌다. 자리에서 일어나려는데 목과 허리 중간에 참을 수 없는 통증이 느껴졌다. 앰블런스를 타고 연세대학교 세브란스 병원 응급실로 옮겨졌다. 환자에 대한 신상카드를 작성한 후 엑스레이 촬영이 시작되었다. 신경외과 교수는 엑스레이 결과를 보고 목과 허리 5번째 디스크에 심한 손상이 갔으니 빨리 수술을 해야 한다고 하였다. 의사의 소견에 소리 없는 눈물이 흘러나왔다. 나의 정신은 즉시 에기나의 넥타리오스 성인의 수도원으로 달려갔다. 그리고 성인의 성해 앞에 엎드려 하느님께 이 고통을 없애달라고 그리고 수술이 성공적으로 끝날 수 있게 해 달라고 성인께 중보를 요청했다.

나는 의사들의 다음 조치를 기다리는 동안 몇 시간을 움직이지도 못한 채 그리스도와 파나기아 그리고 각별히 넥타리오스 성인께 도와줄 것을 마음속으로 간구하며 이동침상에 누워 있었다. 당시 연세 세브란스 대학 병원에서 대학원 과정을 하고 있던 루마니아 치과의사 앙카가 내 곁에서 나를 지켜주고 있었다. 그런데 갑자기 복도 오른쪽에서 나를 향해 달려오던 한 사제가 보였다. 나는 사제가 내 이동침상에 접근했을 때 시선에서 그를 놓쳐 버렸다. 왜냐하면 커튼이 가로막고 있었기 때문이었다. 나는 달려올 때 날리던 사제의 수단과 수염의 윤곽을 선명히 보았다. 나는 이상한 느낌이 들었다. 하지만 곧, 주일 성찬예배를 드린 후 성 니콜라스 성당에서 사제 누군가가 나를 병문안하러 왔나보다 하고 생각했다. 하지만 내 생각이 채 끝나기도 전에 누군가의 손길이 나의 두 다리를 동시에 마사지하는 느낌이 들었다! 하지만 위에서 말한 것처럼 커튼도 쳐있고 이동침상에 일자로 누워서 꼼짝도 못하던 나는 그가 누구인지 볼 수가 없었다. 곧 바로 강한 통증이 가시고 편안함이 느껴졌다. 하지만 여전히 누가 마사지를 했는지 알 수가 없었다. 나는 내 옆에 앉아 있는 앙카가 왜 내게 아무 말도 해 주지 않는지 의아했다. 나는 그녀에게 영어로 물었다. "Who is touching my feet?(누가 내 발을 만졌어요?)" 그녀는 놀라 나에게 말했다. "Nobody. There is nobody here. It's only me and you.(아뇨, 아무도 만지지 않았어요. 여긴 아무도 없어요. 나하고 당신밖엔 아무도 없어요.)" 우리 둘이 짧은 대화를 나누고 있는 동안에도 나는 여전히 나의 다리가 마사지를 받고 있다는 느낌을 받았다. 얼마 후 마사지의 강도가 점차 약해지더니 마침내 완전히 멈췄다. 나는 놀랍고 의아해 누가 커튼 뒤에 있는지 보려고 애를 썼지만 아무도 보이지 않았다! 나는 뭔가 초자연적 현상이 일어났음을 직감했다. 감격에 젖은 나는 많은 눈물과 함께 기도를 계속했다.

두 시간 정도가 지났을까, 간호사들이 나에게 왔다. 그리곤 새로운 디지털 엑스레이로 나를 찍기 위해 다시 방사선과로 데리고 갔다. 그들은 엑스레이 결과를 기다려야 한다고 말하면서 나를 환자들이 있는 방으로 다시 옮겼다. 1시간이 좀 더 지났을 때 아침에 나를 문진했던 신경외과 교수가 다시 나를 찾아왔다. 그리고는 새로 찍은 엑스레이에는 특별한 이상이 없게 나왔다면서 다소 놀라는 표정을 지었다. 또한 아침에 찍었던 엑스레이에서 보였던 척추 측만에 의해 생긴 굽은 부분도 다시 펴진 정상으로 나왔고 척추의 특정부분도 완전히 곧게 되었다고 알려주었다! 그러면서 "집에 가셔도 좋습니다. 하지만 진행 상태를 좀 더 지켜봐야 하니까 다음 주에 오셔서 새로운 검사를 받기 바랍니다."라고 말했다. 병원에서는 60개의 알약을 처방해 주고 하루에 세 번, 세 알씩 먹으라고 하였다. 하루에 9알이었다.

나는 날아갈듯 기뻤다. 나는 나를 병원에 데리고 온 엘리사벳의 아들 요한 박, 요한 이, 그리고 여러 사람의 도움을 받아 척추 보호대를 벗고 그들과 함께 자동차로 성 니콜라스 대성당으로 돌아왔다. 통증은 상당히 줄어든 상태였다. 성당으로 돌아와서 나는 당시 암브로시오스 신부님(현재 정교회 한국대교구 대주교)에게 누군가가 내 다리를 마사지한 신비로운 사건에 대해 말씀드렸다. 그리고 나는 놀라운 소식을 신부님에게서 들었다. 신부님은 감격스런 모습으로 내게 이렇게 말했다. "주일 아침 조과를 드리던 중 요한이 지성소에 와서 당신이 다쳤다는 말을 전했답니다. 나는 넥타리오스 성인께 이렇게 기도했죠. '나의 성인이시여, 어서 병원으로 달려가셔서 아타나시아 교우를 도와주세요, 저희는 지금 당장 어떤 도움도 줄 수 없는 상태입니다.'"

그 때 비로소 나는 나에게 달려와 마사지해 주었던 사제가 바로 넥타리오스 성인이라는 사실을 알았다! 성인은 기적적인 방법으로 수술을 피하게 해 주었던 것이다. 아니 그보다 더한 일이 있을지 누가 알 수 있겠는가!

이번 사건은 에기나의 수도원에서 한국을 축복하기 위해 한국 정교회 가평 수도원에 성인의 유해를 보낸 후 있었던 두 번째 기적이었다.

기적의 증거인 병원에서 처방해 준 60개의 알약은 손도 대지 않은 채 서랍 속에 고스란히 보관되어 있다. 나는 그 중 단 한 알의 약도 먹지 않았다. 병원도 다시 가지 않았다. 나는 의술의 도움 없이 넥타리오스 성인의 도움만으로 완전히 완쾌된 것이다. 저를 보호해 주시고 도움을 베풀어 주신 성 삼위 하느님과 파나기아 그리고 넥타리오스 성인에게 진심어린 영광을 바친다.

모든 것에 영광을 받으시는 만인의 하느님이시여 찬미 받으소서.

경건한 백성은 넥타리오스 대주교가 잠든 지 얼마 되지 않아 그를 성인으로 받아들였다. 그래서 많은 사람들은 성인의 무덤을 순례하기 위해 섬으로 모여들었다. 넥타리오스 성인에 대한 공경은 종종 발간되는 여러 신문들도 예외는 아니었다. 몇 개의 신문 기사를 살펴보자.

1923년 10월 24일자 "전진" 신문은 "넥타리오스 대주교의 대리석 무덤은 소나무 그늘 아래 놓여있었고 수녀들은 그를 성인으로 공경했다."라고 적었다.

1925년 8월 6일자 "스크립 신문은 "그리스의 뛰어난 학식을 갖춘 대주교들 중의 한 명으로 영원히 기억될… 넥타리오스 케팔라스 대주교는 오늘날까지 성인으로 불리고 있다."고 기록했다.

1948년 8월 5일자 "소식" 신문은 이렇게 기사를 썼다. "그는 섬에서 많은 사랑을 받는 성인이다. 그래서 에기나의 많은 아이들이 성인의 이름을 갖고 있다(…). 수녀들은 그를 공경하며 그의 무덤에서 매일 기원의식을 드린다. 그리고 감격 속에서 그의 생애와 기적을 이야기한다(…). 넥타리오스 성인은 전설이 아니다. 그는 실존 인물이다. 그는 어릴 적부터 하느님의 은총을 받으며 살았다(…). 이곳의 모든 이들은 생전에 그리고 사후에 그가 행했던 기적들을 경외심을 갖고 이야기한다. 성인이 치료한 정신병자, 간질 병자, 어린 아이 환자 등 수많은 성인의 기적 중에 나는 30여년을 이곳에 살면서 양을 치는 양치기 노인의 기적을 전하고자 한다. 양치기 노인은 이에라피트라 출신인 크레타 사람이다. 그는 그의 고향에서 양 800마리를 키우며 가족과 함께 행복한 삶을 살고 있었다. 그러던 어느 날 갑자기 양떼에 전염병이 돌았다. 한 마리, 한 마리 죽더니 마침내 5마리만 남았다. 절망에 빠져 울던 날 밤, 한 성직자가 그에게 나타났다. 그리고 이렇게 말했다.

"내일 아침 일찍 일어나 가족들과 5마리의 양을 데리고 에기나의 나를 찾아오너라."

"그런데 신부님, 제가 어떻게 당신을 찾을 수 있는지요?"

"네 양들이 너를 인도할 것이다." 신부는 그렇게 말하고 사라졌다.

양치기는 신부의 말대로 했다. 배가 에기나에 도착했다. 양치기와 그의 가족은 모두 배에서 내렸다. 신부가 말했듯이 양들이 그들을 앞섰고 가족들은 모두 그 뒤를 따라 산 정상에 있는 수도원에 다다랐다. 양치기 가족은 넥타리오스 성인을 보자 발 앞에 엎드려 인사를 드렸다. 그리고 성인은 양떼가 많이 불어날 때까지 양치기가 섬에 살 수 있도록 도와주었다. 그 때부터 양치기는 성인의 이름을 찬미하며 살아가고 있다.

1955년 3월, 총대주교청의 공식 신문인 "사도 안드레아"는 1면에 4단짜리 기사를 냈다. 아마도 아티나고라스 총대주교의 글로 추정된다. 기사의 제목은 이러했다. "펜다폴리의 넥타리오스 대주교는 그리스 정교회 교인의 가슴 속에 성인으로 자리 잡았으며 '덕과 성성, 절제와 거룩한 삶의 표본이 되어' 그들에게 투영되었다. '성인이라는 그의 명성은 넥타리오스 대주교의 영면 이전에 이미 널리 회자되고 있었다.'

1956년 11월 8일자 "에스티아" 신문은 '넥타리오스' 라는 제목으로 1면 기사를 실었는데 그 내용의 일부는 이러했다. "에기나 전체가 오늘과 내일 기적을 일으키는 그곳의 넥타리오스 성인의 축일을 지낼 만반의 준비를 갖추고 있었다. 우리는 천상의 높은 곳으로, 또 영원의 깊은 곳으로 무형이 되어 떠나간 우리와 시공을 달리하는 오랜 성인들을 알고 있다. 그것은 우리 시대의 새로운 성인, 백성들로부터 추앙받고 있는 오늘날의 기적의 성인이 우리의 관심을 끄는 타당한 이유가 되기도 한다(…). 넥타리오스 성인은 선택된 성직자로서의 필요한 인품 위에 생전에는 눈이 부시는 광채의 화관으로 사후에는 성성의 전설로 옷이 입혀졌다(…). 이것은 물질과 현실주의가 팽배한 오늘날 선을 이루고자 하는 강력한 영혼의 기적이다."

　결론적으로 펜다폴리의 넥타리오스 케팔라스 대주교는 20세기의 진정한 하느님의 선물이자 또 다른 성인들의 새로운 출현의 시작이 되었다. 성인의 거룩한 영면 후 두 달여가 지난 1921년 1월 2일에 다니엘 카투나키오티스 사부가 수녀원장 크세니에게 보낸 편지는 교회의 모든 구성원의 생각을 대변해준다. "나는 불경한 자들의 입을 막고 넥타리오스 대주교를 우리 시대의 성인으로 드러내신 지극히 선하신 주님을 찬양한다."

24. 성인명부에 공식적으로 등록되다

사바스 성인

넥타리오스 성인의 영면 며칠 후, 수도원의 영적 아버지요 담임사제인 사바스 수도사제는 40일간 그의 켈리에 들어가 기도하면서 성인의 이콘을 그렸다. 그리고 나서 이콘을 크세니 수녀원장에게 넘겨주며 교회의 이콘대에 올려놓으라고 명했다. 그리고 그의 바람은 실제로 현실이 되었다.

성인이 잠든 지 40년이 지난 1961년, 교회는 성인을 정식으로 성인명부에 올렸다. 이와 관련된 절차는 1959년 11월 30일, 당시 이드라, 스페촌 그리고 에기나의 프로코피오스 교구장이 넥타리오스 대주교를 성인으로 추대하기 위해 필요한 증거자료를 담은 문서(문서번호 1170/868/30-11-1959)를 그리스 정교회 주교단에 보냄으로써 시작되었다. 그는 이 문서를 통해 "영면한 펜다폴리의 넥타리오스 케팔라스 대주교를 통해 하느님으로부터 발원하는 기적의 능력과 은혜를 입었던 정교인들의 간절한 청을 받아들여" 성인으로 추대하고자 하니 그 공식적인 절차를 밟아줄 것을 주교회의에 요청했다. 이듬해 10월 14일 그리스 정교회 주교회의는

테오도시아 수녀가 그린 성인의 첫 번째 이콘

테살로니카의 교구장 파파게오르기오스의 판델레이몬 1세 대주교의 권유에 따라 프로코피오스 주교의 그 제안을 받아들였다. 그리고 문서번호 2893/59와 3045/59/1262/1-12/1960 문서로 관련서류를 총 대주교청으로 이관, "그리스도의 대 교회의 규범에 따라 총 대주교청 회의"의 성인 선포에 관한 "결정문"을 요청했다. 이에, 아테네 교구장 멜레티오스 대주교의 보제로서 개인적으로 펜다폴리의 대주교를 잘 알고 있었던 아티나고라스 총대주교의 총대주교청은 문서번호 260/204-1961의 결정문을 발표, 교회 신자들의 소망을 이루어 주었다. 그 결정문 내용을 잠시 살펴보자.

성인들은 생전에 지혜롭고, 정의롭게, 그리고 경건하게 살

면서 많은 업적과 가르침을 남겼다. 그리고 사후에는 하느님의 은총을 통해 기적을 일으키고 있다. 그리스도의 교회는 그런 성인들을 칭송하며 공경하고 드높여왔다. 그리고 우리 죄인의 죄를 위해 또 병자들의 치유를 위해 선하신 하느님께 중보해 줄 것을 그들에게 요청해 왔다.

1920년 11월 9일 주님 곁으로 돌아간 영원히 기억될 펜다폴리의 넥타리오스 케팔라스 전 교구장도 이와 같이 생전에 성성과 절제, 덕과 선행의 귀감의 삶을 살았고 사후에도 하느님이 은총을 입어 기적의 은사를 베풀고 있다. 이에 우리는 지극히 거룩하신 대주교들과 성령 안에서 사랑하는 우리의 형제, 공동 집전자들과 함께 성스럽게 살아간 그분의 삶의 뒤안길과 그분을 통해 행해진 기적, 아울러 지금도 계속해서 교회에 보고되고 있는 그분의 기적들을 숙고, 그리스 정교회 주교회의의 결정으로 이관된 우리의 사랑하는 형제, 이드라와 스페촌 그리고 에기나의 교구장 프로코피오스 대주교가 신청한 사안을, 넥타리오스 성인이 세우고 그곳에서 수덕하다 잠이든 에기나의 성 삼위 수도원이 속한 교구의 모든 신자들, 그리고 성인의 성성에 대해 견고한 믿음과 성인으로 그분을 추대해야 한다는 교인들의 한결같은 10여년의 소망을 함께 받아들여 교회의 전통에 따라 성인에 표하는 예를 그에게 표할 것을 의결한다.

따라서 우리는 영원히 기억될 넥타리오스 케팔라스 대주교가 거룩하게 생을 마친 11월 9일에 지금부터 영원히 신자들의 공경과 찬양을 받는 교회 성인의 한 분으로 등록되었음을 성령 안에서 결정하고 공포한다.

그리스도의 거룩한 대 교회의 이 문서에 서명한 총대주교청 회의 결정문이 바로 그 증표가 되며 이와 똑같은 사본은 이드라와 스페촌, 그리고 에기나의 교구장 프로코피오 대주교에게 보내져 교구문서로 보존될 것이다.

† 콘스탄티노플의 총대주교 아티나고라스
† 칼케돈의 토마스
† 데르콘의 야고보스
† 프링기포니손의 도로테오스
† 네오케사리아의 흐리소스토모스
† 라오디키아의 막시모스
† 사르데온의 막시모스
† 로도폴리의 이에로니모스
† 필라델피아의 야고보스

성인이 세상을 떠난 지 얼마 되지 않아 교회에서 성인을 공식 선포하자 많은 논란이 일었다. 그래서 1975년 현 바르톨로메오스 세계 총대주교는 이렇게 말했다.

"일부 사람들은 넥타리오스 대주교의 성인 선포가 이른 감이 있다고 주장했다. 하지만 교회사에는 영면 후 40년도 되지 않아 주교 회의에서 성인으로 정식 선포된 경우가 있었다. 우리는 하느님의 축복 속에 세상을 떠난 지 8년 안에 성인으로 공식 선포

성인의 첫 번째 축일

된 그레고리오스 팔라마스의 경우를 회고할 필요가 있다."

넥타리오스 성인의 첫 번째 공식 기념 축일은 1961년 11월 3일부터 6일까지 에기나에서 거행되었다. 많은 대주교들과 사제들, 보제들, 수녀들, 리자리오 신학생들과 수많은 신자들이 함께했다. 배들은 하루 종일 그리스의 각 지역에서 모여든 순례객들을 수송하기에 바빴다.

넥타리오스 성인의 첫 번째 공식 기념 축일에 에기나의 엘레니 앙겔로풀루 부인에게 일어난 사건은 나름 그 의미가 크다.

"펜다폴리의 넥타리오스 대주교의 성인 선포가 있기 전날 밤인 1961년 11월 4일, 당시 섬 경찰 책임자 일리아스 제르보스씨가 내게 다가왔다. 그리곤 두 명만 - 그는 다른 사람에게도 같은 부탁을 했다 - 집에 묵게 해달라고 부탁했다. 당시 에기나에는 엄청난 사람들이 모여들었다. 워낙 많은 사람들로 인해 섬이 바다에 가라앉는 것이 아닐까 생각될 정도로 이루 형용할 수 없는 상황이었다! 수천 명의 신자들이 성인을 기리고 축복받기 위해 섬으로, 섬으로 모여들었다. 그것은 우리 성인의 큰 은총이었다. 밖에는 사람들로 엄청 북적였다. 갑자기 번개와 소나기가 쏟아지

첫 축일을 기념하기 위해 에기나로 모여든 사람들

기 시작했다. 바다도 그에 못지않게 엄청난 파도가 일었다. 대단한 파도였다! 타지에서 이곳을 찾아온 사람들은 낯선 곳에서 어디로 피해야 할지 몰라 우왕좌왕하고 있었다.

나는 경찰 책임자의 요청대로 그렇게 하기로 했다. 그런데 아니 이게 무슨 일인가? 우리 집에 24명이 온 것이 아닌가! 한두 명도 아닌 24명이었다. 나는 급히 집에 있는 이불이란 이불은 다 꺼냈다. 각 방 바닥에 임시 잠자리를 만들었다. 오븐에 음식을 담은 커다란 팬도 집어넣었다. 모두 다 지쳐 바닥에 쓰러졌다. 나는 아버지와 함께 같은 침대에 누웠다. 나는 덮을 이불이 없어서 아버지의 외투로 몸을 덮었다. 그리고 바로 잠에 빠져들었다. 아주 꿀잠이었다.

새벽 3시경 어떤 소리에 잠을 깼다. 세찬 바람에 발코니 문이 열린 것이다. 문은 미친 듯이 소리를 내며 부딪쳤다. 나는 가까이에 앉아있는 부인들을 안심시킨 후 문을 닫기 위해 밖으로 나갔

성인이 나타난 파나기아 성당

다. 그런데 얼굴을 밖으로 내밀 때 노수도사가 파나기아 성당 문 앞에 서있는 것이 보였다. 그 거리는 50미터가 채 안 되는 거리였다. 비가 억수같이 쏟아졌지만 노수도사의 모습은 선명했다. 같은 시각 교회 밖으로 흘러나오는 아름다운 멜로디가 들렸다. 수천, 수만의 새들이 노래를 부르는 것 같았다! 수도사는 수도사 모자와 수단을 입은 채 움직이지 않고 그 자리에 그대로 서 있었다. 그것은 나에게 상당한 인상을 남겨 주었다.

같은 시간에 또 다른 소리가 들렸다. 이번에는 집 아래에서 나는 소리였다. 바람으로 인해 집 위에서처럼 집 아래 상점 문이 열린 것이다. 혼자서는 겁이나 집에 묵던 손님 한 명에게 부탁을 해서 아래로 같이 내려갔다. 문을 잠그기 위해 밖으로 나오는데 노수도사가 느린 걸음으로 내 쪽으로 오는 것이 보였다. 그는 비를 의식하지 않았다. 내 앞으로 2미터까지 왔을 때 나는 그를 알아봤다. 눈을 크게 떴다. 그리고 목으로 기어 들어가는 소리로… 외쳤다.

"성인이다! 성인이다!"

내 맥박은 분당 200회 이상 뛰었을 것이다! 성인은 느리게 한

발 두 발 걸어 나에게 왔다. 그의 오른손을 펼쳐 내 어깨를 툭툭 세 번 두드렸다. 이것이 전부였다! 그리고 나서 성인은 사라졌다! 성인이 내 어깨를 두드리고 사라졌다는 나의 말에 나와 함께 있었던 부인이 깜짝 놀랐다. 그리고 비로 흠뻑 젖어있는 도로에 무릎을 꿇고 그녀는 계속 십자성호를 하며 울었다. 왜냐하면 그녀는 성인을 볼 수 없었기 때문이었다.

성 넥타리오스 성당

다음날 – 이 사건이 있은 후 모두 눈을 붙이지 못했다는 것은 굳이 말할 필요가 없을 것이다. – 나는 파라스케비 수녀에게 이 기적을 말씀드렸다. 수녀는 내게 나의 성의를 보고 성인이 나를 기쁘게 해 주기 위해 오신 거라고 말해 주었다. 그 때부터 오늘까지 나는 언제나 깊은 감동에 젖어 살아가고 있다.

성인으로 공식 선포된 이후, 넥타리오스 성인은 교인들의 특별한 사랑을 받게 된다. 그리스의 수많은 교회들이 성인에게 봉헌되었으며 이드라와 스페촌, 그리고 에기나의 이에로테오스 전 교구장의 주도 하에 수도원 아래에 지어진 성당은 그 웅장함에 압도된다. 이 성당은 1973년에 착공, 1994년에 완공, 축성되었다.

성 넥타리오스 성당

　진정 비잔틴 건축의 백미라 할 수 있는 웅대하고 찬란한 성당이다. 넥타리오스 성인의 이름은 에기나 섬의 교구 대 성당 동쪽에 있는 중심도로에 붙여졌다. 오늘날에도 많은 이들이 성인을 기리기 위해 혹은 성인의 중보를 통해 일어난 기적에 대한 감사의 표시로 성인의 이름으로 세례를 받고 있다. 또한 성인에 대한 수많은 책들과 기사들이 그리스어뿐만 아니라 다른 여러 언어로 발간되고 있다.

　넥타리오스 성인의 명성은 이미 그리스 국경을 벗어났다. 전 세계 정교회 국가들(러시아, 세르비아, 루마니아, 불가리아 등)뿐만 아니라 정교회가 있는 곳이라면 어디든 신속히 퍼져나갔다. 지구상에 성인의 이름으로 지어진 성당들과 수도원들은 1300개가 넘는 것으로 추산된다.

성인을 추모하기 위해 찾아온 방문객들

 마지막으로, 넥타리오스 성인이 그의 고향인 동 트라키의 실리브리아에서 각별한 존경을 받고 있음을 밝힌다. 어린 시절 성인의 집 맞은편에 살았던 75세의 의사 제말 코자노글루 부구청장의 활동으로 구청은 성인의 집터를 수용했다. 그것은 과거 성인의 집을 복원해 박물관처럼 이용하기 위한 것이다. 특히 터키어로 된 'Heryönuüyle Silivri'(1994)의 책에 코자노글루씨는 'Aziz Nektorios ve Dogdugu Ev(넥타리오스 성인과 태어난 집)'이라는 제목으로 4페이지의 글을 기고했다. 또 그는 실리브리아와 에기나의 자매결연을 추진하기 위해 에기나를 방문할 계획을 갖고 있다고 밝혔다.

 우리는 넥타리오스 성인의 전기를 세계 총대주교 바르톨로메오스의 말로 갈음하려 한다. 총대주교는 넥타리오스 성인의 소중함을 이렇게 표현했다.
 "우리는 넥타리오스 성인의 모습 속에서 오늘날 퇴폐와 왜곡으로 점철된 세태 속에서도 선한 투쟁을 하며 그리스도를 따라 살아가려는 모든 이들에게 성성이 얼마든지 가능하다는 사실을 본다. 아울러 그것은 믿음의 순교자들과 성인들, 그리고 고백자들을 배출한 초대 그리스도 시대에서만 누릴 수 있었던 특권이 아니었음도 본다. 넥타리오스 성인은 이렇게 현대 성인의 빛나는 표본이 된다. 그리고 그분은 우리 모두를 그 모습으로 초대한다."

에기나

성 넥타리오스 수도원(Holy Monastery of St. Nektarios)